SİNEMADA ŞEYTANIN YANSIMASI
Sinemada Şeytan Temalı Filmlerin Çözümlemesi

Nur Emine KOÇ

LİTERATÜRK academia

Sinemada Şeytanın Yansıması

© LITERATURK academia 366
İnceleme-Araştırma 348

Mart 2022

Yayınevi Editörleri: **Salih TİRYAKİ – Emre Vadi BALCI**
Genel Yayın Yönetmeni: **İsmail ÇALIŞKAN**

ISBN 978-625-7606-46-2

T.C.
Kültür ve Turizm Bakanlığı
Yayıncı Sertifika No: **16195**

Kapak Tasarım: 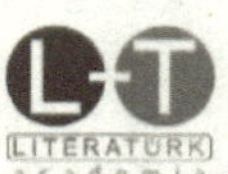
Baskı Öncesi Hazırlık: **Mehmet ATEŞ**
meh_ates@hotmail.com

Baskı & Cilt: **Bulut Dijital Matbaa San. Tic. Ltd. Şti.**
Musalla Bağları Mh. İnciköy Sk. No. 1/A   Selçuklu/KONYA
KTB S. No: **48120** - Basım Tarihi: **MART 2022**

KÜTÜPHANE BİLGİ KARTI
- Cataloging in Publication Data (CIP) -

KOÇ, Nur Emine
Sinemada Şeytanın Yansıması

ANAHTAR KAVRAMLAR
Sinema, Şeytan Teması, Dini Kaynaklar, Simülasyon Evreni, Edebiyat
- key concepts -
Cinema, Satan Theme, Religious Sources, Simulation Universe, Literature

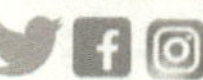

LITERATURK academia

"*academia*", Nüve Kültür Merkezi kuruluşudur.
www.literaturkacademia.com

/ Nkmliteraturk

M. Muzaffer Cad. Rampalı Çarşı Alt Kat No: 35-36-41
Meram / KONYA Tel: 0.332.352 23 03 Fax: 0.332.342 42 96

Ул. М. Музаффер, рынок Рампалы, нижний этаж № 35-36-41
Мерам, КОНЬЯ, тел.: +90 332 352 23 03,
факс: +90 332 342 42 96

Dağıtım: **EMEK KİTAP**
Akçaburgaz Mah. 3137. Sk. Ali Rıza Güvener İş Merkezi No: 28
Esenyurt / İSTANBUL
www.emekkitap.com - Telefaks +90 212 671 68 10
Dıstrıbьютор: **EMEK KITAP**
Район Акчабургаз, ул. Али Рыза 3137, бизнес центр «Гювенер» № 28,
Эсеньюрт / СТАМБУЛ
www.emekkitap.com – Телефакс: +90 212 671 68 10

ORTA ASYA TEMSİLCİLİĞİ:
Mikrareyon Kok Jar/23   Bishkek / KYRGYSZTAN
Tel: +996 700 13 50 00   -   Telefaks + 996 552 13 50 00
ОФИС В ЦЕНТРАЛЬНОЙ АЗИИ:
Микрорайон Кок Жар/23   Бишкек / КЫРГЫЗСТАН
Тел.: +996 700 13 50 00 – Телефакс: +996 552 13 50 00

SİNEMADA ŞEYTANIN YANSIMASI

Sinemada Şeytan Temalı Filmlerin Çözümlemesi

Nur Emine KOÇ

LİTERATÜRK academia

Nur Emine KOÇ

Nur Emine Koç, 1980 yılında İstanbul'da doğmuştur. Lisans ve Yükseklisans eğitimini İngiliz Dili ve Edebiyatı'nda tamamlayan Koç, 2016 yılında İletişim Bilimleri Doktorası'nı "Tüketim Kültürü Bağlamında Televizyon'da Realite Şovlara Bir Örnek: Evim Şahane Programı" adlı tezle tamamlamıştır. 2002-2010 yılları arasında çeşitli kolejlerde İngilizce Öğretmenliği yapan Koç, 2010 yılında İstanbul Aydın Üniversitesi'nde öğretim görevlisi olarak kariyer hayatına devam etmiştir. İstanbul Aydın Üniversitesi'nde akademisyenlik, Yabancı diller Müdür Yardımcılığı, Yabancı Diller ve Kültürler Bölüm Başkanlığı, Uygulamalı İngilizce ve Çevirmenlik Programı Program Başkanlığı, İngilizce Mütercim Tercümanlık Bölüm Başkanlığı yapmıştır. Yeni Medya alanında pek çok çalışması olan Koç, 2020 yılından beri İletişim Fakültesi Yeni Medya ve İletişim Bölüm Başkanlığı yapmaktadır. Ayrıca Şiddeti Birlikte Bitirelim Platformunun Film ve Dizi Analizi Sorumlusu olarak da gönüllü çalışmaktadır.

*Bu kitabı oğullarım
Alper ve Emre Koç'a ithaf ediyorum.
Sizleri çok seviyorum*

ÖNSÖZ

Dünyanın yaratılışından beri konuşulan, insanın varoluşunun karanlık yanı olarak anılan Şeytan pek çok kitaba ve filme konu olmuştur. Pek çok eserde insanın Tanrı'nın Cennet'inden kovulmasını sağlayan, insanı kandıran, günah işlemesine sebep olan, günaha merak uyandıran Şeytan, dini kaynaklarla da desteklenerek insandan önce ilk günahı işleyen varlık olarak bilinmektedir.

Tüm eserlere konu olan, dünyanın yaratılışından günümüze kadar tasviri değişime uğrayan ve insanlığın tüm günahlarını içinde bulunduran Şeytan'ın varoluşu ve sebebi her zaman ilgimi çekmiştir. Bu sebeple popüler kültürle eski şeytani özelliklerini yitiren Şeytan'ın sinemada ve edebiyatta ele alınış biçimlerini ve birbirleri ile içkin durumlarını irdelemek üzere yola çıkılan bu kitapta sinemada popüler kültürle evrilen hatta sevilen Şeytan'ın evrim süreçlerine değinilmiştir. İnsanlığın imtihanı olarak da düşünülen Şeytan'ın, sinemada popüler kültürün etkisiyle, kötülüklerin özü, ruhları ele geçiren bir iblis olmaktan çıkarak, kötülükleri cezalandıran, iyiliği de içinde bulunduran ve yalan söyleyemeyen yakışıklı bir erkeğe dönüşümü ele alınmıştır. Bu çalışmada, ilk Şeytan'dan, Drakula'ya, oradan da popüler kültürün sevilen bir karakteri olan Lucifer'a dönüşümü, müzmin bir antagonistken protagoniste evrilişi gözler önüne serilmiştir.

Nur Emine KOÇ

İÇİNDEKİLER

GİRİŞ

Şeytan kelime anlamıyla her insanın içinde bulunan kötülüktür. Shakespeare'in *Macbeth*'de dediği gibi "Her iyiliğin içinde bir kötülük, her kötülüğün içinde bir iyilik vardır". Evrende iyilik ve kötülüğün dengesini sağlamak üzere yaratılan Şeytan, meleklerin en görkemlisi, ateşten yaratıldığı için en güçlüsü ve en zekisi olarak bilinir. Tanrı'nın emirlerine karşı çıkan, insanlığın dünyadaki varlığını kıskanan ve bu sebeple Tanrı'nın Cennet'inden kovalan ilk varlıktır. Gururu ve Tanrı gibi olmak istemesi onun en büyük zaafıdır. Bu sebeple dünyadaki en kritik günahlardan biri de gururlanmak, büyüklenmek, dünya üzerinde Tanrı rolünü oynamaktır. Pek çok politikacı, din görevlisi, siyasetçi, hukuk insanı, bu sebeple hatalar yapmış, gururlarının esiri, gücün verdiği mağrurluğun sarhoşu olmuşlardır.

Şeytan'ın işlediği günahlar, dünyada kötülüğün tanımı olurken, karakterinin yapısı pek çok esere konu olmuştur. Evrenin varoluşundan beri bir antagonist olarak başrolde olan Şeytan, dini kaynaklara göre güçlü bir melek, ateşten yaratılmış bir iblis ve dünyadaki her kötülüğün şekline girebilecek bir varlıktır. Dini kaynaklarda önemli bir karakter olmasıyla birlikte sinema ve edebiyatta da kötülüğün iyilikle dengesini sağlamak üzere gerek kötülük formunda gerekse Şeytan'ın ta kendisi olarak çokça karşımıza çıkmaktadır.

Bu kitapta sinemada Şeytan temasının yansımaları, değişimi ve insanların algı biçimlerindeki yüzyıllar arasındaki dönüşüm ele alınmıştır.

Kitabın ilk bölümünde dini kaynaklardaki Şeytan'ın tanımları ele alınmıştır. Şeytan deyince akla ilk dini kaynaklar geldiğinden öncelikle dini kitaplardaki tanımlar tek tek irdelenmiştir. Ayrıca Şeytan ve Cehennem tasvirinin en çok kaynak gösterilen kitabı olduğundan John Milton'ın *Yitirilen Cennet*'i de dini kaynaklar arasında irdelenmiştir.

Kitabın ikinci bölümünde sinemada Şeytan temaları irdelenmiştir. Öncelikle Richard Burton'on 1967 yapımı *Dr. Faustus* incelemesini Marlowe'un *Faust*'u, Goethe'nin *Dr. Faust*'u ve Thomas Mann'ın *Dr. Faustus*'u ile karşılaştırılarak incelenmiştir.

Kitabın üçüncü bölümünde ise Francis Cappola'nın ünlü filmi 1997 yapımı *Bram Stoker Drakula* incelenerek Şeytan'ın tanımının ilk vampir ve dünyadaki canavarlaştırılmış ve Şeytan'ın vücut bulmuş hali irdelenmiştir.

Kitabın dördüncü bölümünde Taylor Hackford'un yönetmenliğini yaptığı 1997 yapımı *Şeytanın Avukatı* adlı filmi incelenerek kanun, etik ve hukukta karar verme biçimleri, vicdani yargılar Şeytan'ın rolü üzerinden tartışılmıştır.

Kitabın beşinci bölümünde Wachowski Kardeşlerin yönettiği 1999 yılında birinci kısmı yayınlanan *Matrix* üçlemesi, Tanrı, Şeytan ve insanın varoluşsal problemleri üzerinden yorumlanmıştır.

Kitabın son bölümünde dini kaynaklardan günümüze Şeytan'ın dönüşümü ve değişimi gözler önüne serilerek sinemada Şeytan'ın yansılamaları irdelenmiştir ve Şeytan'ın karakter bulduğu en önemli popüler dizilerden Lucifer Morningstar karakteri ile ilk Şeytan karşılaştırılmıştır.

BİRİNCİ BÖLÜM
DİNİ KAYNAKLARDAKİ ŞEYTAN TANIMLARI

Bu kitapta, yüzyıllar boyunca pek çok kitaba ve filme konu olmuş Şeytan'ın kökeni, işlevi ve sinemadaki yansımaları incelemektedir. Üç kutsal kitap; *Tevrat, İncil* ve *Kuran*, Tanrı'ya inanç, bu dünyadan sonraki sonsuz yaşam, insanların dünyada yükümlü olduğu, atması gereken adımlar ve Şeytan'ın gerçekliği hakkında mesajlar vermektedir. İlginçtir ki, üç kutsal kitapta şeytanın kökeni ve işlevi hemen hemen aynıdır ve onun ile aynı "durum" a ve aynı "son" a düşmemek adına insanları şeytanın oyunlarından ve saldırılarından uzak durmaları konusunda sürekli uyarırlar.

Eski Ahit'te, Şeytan mutlak kötü değildir, Tanrı'nın emirlerine itaatsizlik eden melektir. Oysaki *Sayılar* ve *Eyüp Kitabı*'nda Tanrı'nın itaatkâr hizmetkârlarından biri, bir haberci ya da melek olarak görünür. İbranice'de melekler "Tanrı'nın oğulları" olarak adlandırılır ve onlar büyük bir ordunun Tanrı'ya bağlı başkomutanları veya bir kraliyet ailesinin veliahtları olarak düşünülür (Pagels, 1995:43).

İncil ile ilgili kaynaklarda İbranice "Şeytan" terimi, düşmanca bir rolü tanımlar. Belirli bir karakterin adı değildir. İbrani tanımlarda MÖ altıncı yüzyıl kadar erken bir tarihte ara sıra onu "Şeytan" adı ile adlandırdıkları doğaüstü bir karakter olarak tanıtmış olsalar da, kastettikleri şey, Tanrı tarafından insanların faaliyetlerini ve belirli amaçlarını engellemek için özel olarak gönderilen meleklerden herhangi biri olmasıdır. "Satan" kökü "karşı çıkan, engelleyen veya düşman gibi davranan" anlamına gelir. Daha sonra "şeytan" olarak çevrilecek olan Yunanca "diabolos" terimi, kelimenin tam anlamıyla "bir şeyi birinin yoluna atan kişi" anlamına gelir (Blackwell, 40).

Tevrat'ta "Şeytan'ın birinci varlığı, beklenmedik engellerin veya kaderin tersine çevrilmesinin açıklanmasına yardımcı olabilir. İbrani tanımlarda genellikle talihsizlikleri insan günahına bağlar. Ancak bazı açıklamalara göre de Şeytan, Tanrı'nın kendi emri veya izniyle insan planlarını ve arzularını bloke eden veya karşı çıkan bu doğaüstü karakterdir. Bu haberci mutlak kötü niyetli değildir. Tanrı onu ölüm meleği gibi belirli bir görevi yerine getirmesi için gönderir" diye geçer. Neil Forsyth'in "Şeytan" hakkında söylediği gibi, "Yol kötüyse, bir engel iyidir"(1987). Böylece "Şeytan", bir kişiyi, daha kötü bir zarardan korumak için Tanrı tarafından gönderilmiş bir melek olarak da tanımlanmıştır.

"Lucifer" adı, İbranice'de "ışık taşıyıcısı" veya "parlaklık" anlamına gelir. Bu varlık, Tanrı'nın cenneti ve dünyayı yarattığı gün, Cennet Krallığının ilk Kralıdır(Yaratılış 1:1). Dini kaynaklar, Şeytan'ın beden aracılığıyla çalışma gücüne sahip olduğunu söyler:

Geçmişte bu dünyanın izlediği yola göre yürüdünüz, havanın gücünün prensine göre, itaatsizliğin oğullarında şimdi iş başında olan ruh: aralarında hepimiz bir zamanlar tenimizin ve zihnin arzularını yerine getirerek bedenimizin şehvetinde yaşadık ve doğası gereği diğerleri gibi, gazabın çocuklarıydık (Efhesians 2: 2-3) (Hendriksen; 256).

Eski Ahit'te Şeytan, ne belirli bir varlığın özel adıdır, ne de Tanrı'nın düşmanı olan şeytani bir varlığa atıfta bulunulur. Orijinal kullanımında bir şeye karşı çıkan anlamına gelen yaygın bir isimdir:

"Ve Baalim gittiği için Tanrı'nın öfkesi alevlendi. Ve Tanrı'nın meleği ona karşı bir hasım olan yolu seçti" (Sayılar 22:22).

Yine burada bulunan "düşman" kelimesi İbranice'de "Şeytan"dır. Bu metinde, Şeytan veya hasım olmanın belirli bir meleğin kalıcı işlevi olduğunu öne süren hiçbir şey kanıt bulunmamaktadır. Bu meleğin görevi karşı koymaktır (Hamilton, 147).

"Şeytan ilk olarak MÖ 520'lerde *Zekeriya Kitabı* üçüncü bölümde ve göksel mahkemede savcı olarak görev yaptığı *Eyüp Kitabı*'nda 1. ve 2.' de özel bir meleğin adıyla kullanıldı: (Zekeriya 3:1-2).

"Sonra bana, Tanrı'nın meleğinin önünde duran başkâhin Joshua'yı, ve onu suçlamak için sağında duran Şeytan'ı gösterdi. Ve Tanrı Şeytan'a dedi: Tanrı sana kızıyor, Şeytan. Kudüs'ü ve insanlığı seçen Tanrı sana çok kızıyor"(Zekeriya 3:1-2).

Eski Ahit'te Şeytan hiçbir zaman asi bir melek veya iblis olarak tanımlanmaz. Hristiyanlıkta ise Şeytan *Eski Ahit*'te asla görünmez. Şeytan'ın Hıristiyan inanışındaki versiyonu büyük olasılıkla, iyiyi ve kötüyü iyi bir "Tanrı" ve onun baş düşmanı "Şeytan" olarak tanımlayan Fars düalizm kavramından evrimleşmiştir. *Eski Ahit*'te "İblis" olarak adlandırılan karakter, *Yeni Ahit* yazarlarının Fars düalizmi kavramını inançlarına kabul etmesiyle "Şeytan" olmuştur. Andrew Collins: "Düşman terimi, ya Tanrı'nın düşmanlarını ya da genel olarak İsrail ırkının düşmanlarını tanımlamak için kullanılır. . Yeni Ahit'in gelişine kadar Şeytandan asla kötü olan olarak söz edilmez. (ha-Satan) Şeytan terimi tüm önemli rolü *Yeni Ahit*'te üstlenir. Bu noktada Şeytan, lütuftan düşmüş, Tanrı'nın sevgisini kaybetmiş ve cennetten kovulmuş bir melek olur" (Collins 1996: 52).

Yeni Ahit'te Şeytan, bağımsız bir kişilik olarak, kötü ruhun kişileşmesi, vücut bulmuş hali olarak ortaya çıkar. Ona "kötülüğün yazarı" denir. Vahiy 12:9'da, İblis ve Şeytan olarak adlandırılan ve tüm dünyayı kandıran o eski yılanın tanımı vardır. Yeryüzüne yardımcıları ile birlikte atılan Şeytan böylelikle baş iblis olarak anılmıştır. O, *Matta İncil Kitabı* 4'te İsa peygamberi bizzat ayartan varlıktır ve bu tanımıyla Şeytan kavramı bugünkü anlamını alarak, birçok film ve kitaplara konu olan şeytanlık, kötülük, şer kavramları ile eşleştirecektir. *Eski Ahit*'te Şeytan cennetten uzaklaştırılmış, kötücül bir ruh olarak değil, ilahi bir işlevi yerine getiren ve Cennette yerini alan Yahova'nın bir hizmetçisi olarak tanımlanır. David'in İsrail sıralamasındaki benzer kayıtlarda (1 Samuel 24:1; I. Chronicles 21:1) David'in baştan çıkarılması hem Tanrı'ya hem de Şeytan'a atfedilir. Bunun sebebi ise ya "insanın baştan çıkarılmasının aynı zamanda onun yazgısının bir parçası olması" ya da dokümanlar arasında geçen süre içerisinde baştan çıkarıcısının kişiliğinin çok daha anlaşılır biçimde ortaya çıkmasıdır. Bu durumda, *Eski Ahit* kitaplarındaki kayıtlar Yeni Ahit öğretisine hemen hemen benzer. *Eyüp Kitabı*'nda (1:6) Şeytan, Tanrı'nın Oğulları arasındadır ve Eyüp'e saldırılarına ilahi olarak izin verilir. Zee'de (3:1, 2) Şeytan da Tanrı'nın hizmetkârıdır. Bu pasajların her ikisinde de Yahova ve Şeytan arasındaki sürtüşme hali üstü kapalı olarak verilmiştir(Orr, 1915: 156).

İncil'de İsa peygamber, Şeytan'ın insanların düşmanı olduğunu belirtir (Matt. 13:39, Luke 10:19) ve ayrıca ona iblis der. (1 Pet. 5:8). Şeytan insanlardan nefret eder ve onları yok etmeye çalışır. Bunu bir etkisizleştirme, gizlice içlerine sızma ve imha etme stratejisiyle yapar. Şeytan, nihai hedefi insan ırkını yok etmek olan insanlık dışı, acımasız bir iblis olrak tanımlanır. C.S. Lewis, Şeytan'ı ve kötü ruhları şere duyulan "bir tür açlık" olarak tasvir eder. Ayrıca bencil insanları iblislerin bu haline benzeterek, onların çoğu zaman diğer insanlar üzerinde tam kontrol sağlamaya çalıştıklarına dikkat çekerek, şeytani bir şekilde diğer insanların kişiliklerini "zapt etme" arzularının da bu özelliklerinden geldiğini savunur. Şeytanın arzusu bir gün tüm insanları kendi kişiliğine büründürdüğünde ve insanlık kendisine dönüştüğünde, onsuz hareket edemeyip onun aracılığı ile düşünen konuşan varlıklara dönüştüklerini görmektir (CS Lewis 2000: 97).

Şeytan her zaman var olmamıştır, o ve diğer tüm melekler yaratılmıştır (Ps. 148: 2, 5; Col. 1: 16). *Hezekiel Kitabı*'nda 28:12-15'te Şeytan'ın günah işlemeden önceki bir tanımı vardır. Pasajda Peygamber Sur kralıyla konuşuyor gibi gözükse de, kralın ötesinde Şeytan'ın kendisiyle konuştuğuna dair bazı işaretler vardır. Tanrı tarafından "vaftiz edilmiş melek" (Hezekiel 28:14) olarak yaratılmıştır olan o "bilgelik dolu ve güzellikte kusursuzdur" (Hezekiel 28:12) ve "her yeri değerli taşlarla" kaplıdır (Hezekiel 28:13). O, "Tanrı'nın bahçesi Cennet"tedir. (Hezekiel 28:13) ve "Tanrı'nın kutsal dağına" (Hezekiel 28:14) yerleştirilmiştir. Şeytan Tanrı'nın hizmetinde özel bir yere sahiptir. Şeytan'a değinen Hezekiel 28:15, "Yaratıldığın günden sende şer bulununcaya kadar, yollarında kusursuzdun" der. Hezekiel daha sonra şunları ekledi: "Güzelliğinden ötürü yüreğin yükseldi, görkemin uğruna bilgeliğinden vazgeçtin" (Hezekiel 28:17).

Şeytan'ın günahı gururdan kaynaklıdır ve bu özgüven isyanla sonuçlanmıştır. *Yeşaya Kitabı*'nda 14:13, 14'te şöyle der: "Çünkü yüreğinizde dediniz ki: 'Göğe çıkacağım, tahtımı Tanrı'nın yıldızlarının üzerine yükselteceğim; Ben de cemaat dağında oturacağım... ; Bulutların yükseklerine çıkacağım, En Yüksek Olan gibi olacağım'" (Yeşaya 14:13, 14). Şeytan'ın gururu onu o kadar yanıltmıştır ki, Tanrı ile eşit olduğunu iddia etmiştir. Bu, ona katılmak için çok sayıda meleği dahil ettiği bir isyanın ateşlenmesine neden olmuştur (Vahiy 12: 4). Çünkü Şeytan aynı zamanda da ikna edici, güven verici ve inandırıcıdır. Gururunu gücünden ve ateşinden almıştır. Şeytan ilk günahı işledikten sonra, Tanrı onu gökten yeryüzüne atmıştır (İs. 14:12, Hezekiel 28:16, 17). Son cezası, Mesih'in yeryüzündeki bin yıllık saltanatının sona ermesinden kısa bir süre sonra gelecektir. O zaman Şeytan, "canavarın ve sahte peygamberin bulunduğu ateş ve kükürt gölüne atılacak. Ve onlar, gece gündüz sonsuza dek azap göreceklerdir" (Rev. 20: 10).

Şeytan; zekâ (2 Cor. 11:3), duygu (Vahiy 12:17) ve irade (2 Tim. 2:26) gibi kişilik özelliklerine sahiptir. Dini kaynaklarda onun farklı isimlerine, unvanlarına ve temsillerine bakarak Şeytan'ın kim olduğu hakkında çok şey öğrenilebilir. Kutsal kitaplarda 52 kez kullanılan Şeytan (Zech 3 :1; Matta 4:10; Vahiy 12:9, 20:2), İbranice "düşman" veya "karşıt" anlamına gelen Şeytan kelimesinden gelir. İblis (Matt. 4:1, 13:39; Eph. 4:27; Vahiy 12:9, 20:2) 35 kez kullanılmıştır, Yunanca "iftiracı" veya "suçlayıcı" anlamına gelen diabolos kelimesinden gelir. Lucifer (Is. 14:12) "sabahın oğlu", "parlayan" veya "ışık taşıyıcısı" anlamına gelir. Bu, onu düşüşten önce tanımlasa da, Şeytan dünyayı aldatmak için "kendini (kötülükleri) bir ışık meleğine dönüştürmektedir" (2 Cor. 11:14). "Kutsanmış Melek"adı (Ezek. 28:14), onun tüm melekler arasında en yüksek rütbeli olanlardan birine sahip olduğunu göstermektedir. "Günahkâr" olan (Matt.13:19, 38; Yuhanna 17:15; Eph. 6:16; Yuhanna 5:18, 19) onu kötülüğün kişilik bulmuş hali olarak tanımlar. "Bu dünyanın hükümdarı" (Yuhanna 12:31; 14:30; 16:11), insanlardan ve cinlerden oluşan kötü dünya sistemi üzerindeki gücüne atıfta bulunur. "Bu çağın Tanrısı" ünvanı (2 Kor. 4:4), dünyadaki tüm zihinleri hakikate karşı kör etmek üzerine kullanılır. "Hava gücünün prensi" tanımı (Ef. 2:2), onun her yere yayılan ruhsal etkisini anlatır. Yılan ismi ise(Yaratılış 3:1; 2 Kor. 11:3; Vahiy 12:9; 20:2) onun hilekârlığını ve kurnazlığını tasvir eder. "Ejderha" lakabı (Vahiy 12:3, 7, 9) onun şiddetli doğasını ve yok etme gücünü gösterir. "Suçlayıcı" (Vahiy 12:10), "Ayartıcı" (Matt. 4:3; 1 Selanik 3:5), "Aldatıcı" (Vahiy 12:9, 20:3), "Katil" (Yuhanna 8:44), "Yalancı" (Yuhanna 8: 44), "Günahkâr" (1 Yuhanna 3:8), "Beelzebub- cennetten kovulmuş", "cinlerin hükümdarı" (Matt. 10:25; 12:24, 27; Markos 3:22; Luke 11:15), kelimenin tam anlamıyla tercümesi "Sineklerin Efendisi" anlamına gelir. "Belial" (2 Cor. 6:15) "değersiz" veya "ahlaksız" anlamına gelir. "Kükreyen Aslan" (1 Pet. 5:8), onu aç ve insanları yutmak için sinsice dolaşan biri olarak tanımlar. (Hamilton 1992: 234).

Dini kaynaklar bize Şeytan'ın kökeni hakkında çok az şey söylese de, O'nun hatırı sayılır güce sahip, yeryüzüne inmiş bir melek olduğunu söylerler. Onu tanımlayan en bilindik pasajlardan biri Efesliler 6:12'dir:

"Çünkü etten kemikten bir insan vücudu ile değil, beyliklere, güçlere, bu çağın karanlığının yöneticilerine, göksel yerlerdeki ruhani şer ordularıyla savaşıyoruz".

İsa peygamber, Şeytan'ı "bu dünyanın hükümdarı" olarak adlandırır (Yuhanna 12:31) ve Yahuda onun çok güçlü olduğunu belirtir ve başmelek Mikail bile onu azarlama gücünden yoksundur (Yahuda 1:9). 2 Korintliler 4:4'te Pavlus onu "Bu Çağın Tanrısı" olarak adlandırmıştır. Ayrıca onu kötü ruhlu varlıklardan oluşan büyük, son derece organize bir "ordu"nun başı olarak tasvir eder. Kurnaz bir yalancıdır, Adam ve Eve'i baştan çıkarma ve kendini bir "ışık meleği" kılığına sokma yeteneğine sahiptir.(2 Corinthians 11:14). Şeytan İncil'de güçlü, tehlikeli ve saygı duyulması gereken bir düşman olarak tasvir edilirken, hiçbir şekilde Tanrı ile eşit görülmez. Yakup 4:7'ye göre, insanlar şeytana direnirlerse onlardan kaçacaktır. Şeytan, hilekâr ve kurnaz olmasına rağmen, sonsuza dek cehennemde mühürleneceği zamana kadar Tanrı'ya öfkeyle direnmeye devam eden bozguna uğramış bir düşmandır (Watson 1992: 92).

İsa Mesih, şeytanın aldatıcı doğasına vurgu yapar. Ferisilerle bir çatışmada, onların hakikati anlayamamalarının, onların şeytanla müttefik olmaları gerçeğinden kaynaklandığını söyler:

"Sen iblis, babana aitsin (Şeytanın kendisine) ve babanın arzusunu yerine getirmek istiyorsun. O başından beri bir katildi, dürüst olmadı, çünkü onda gerçek yok. Yalan söylediğinde kendi dilini konuşur, çünkü o bir yalancıdır ve yalanların efendisidir (Yuhanna 8:44).

William Hendriksen'nin yorumuna göre şeytan tanımı şu şekildedir: "Öyleyse şeytan, yalanların kaynağıdır, yalanların yaratıcısıdır. Yalan söylediğinde, özgündür. Yalan söylemediğinde (Elçiler 16:16,17), alıntılar yapar, hatta intihal yapar; ama o zaman bile, bir yanılsama yaratmak için ödünç alınan sözcüklere yanlış düzenlemeler yapar. Hep yalan söylemeye ve aldatmaya çalışır ve bunu öldürmek için yapar (2000: 103).

Şeytan, Tanrı ile eşitlik hayalini sürdürebilmek için kendi kendini de aldatma ve yanılsama ruh haline bağlı olarak "yalanların efendisi" olmuştur. Şeytan, Tanrı ile eşitlik hayaliyle, gerçeği saptırır, insanlığın gözüne bir perde indirip gerçeği ondan saklar (Is.14:13, 104). İnsanlığı kıskanma haliyle de aslında Tanrı'yı insanlıkla paylaşamama, kendi değerinden düşeceğini düşünerek umutsuz, üzgün, hırçın ve bu sebeple öç almak isteyen bir varlık olarak da anılır. Özellikle 21. Yüzyıl şeytan tanımlarında, medyanın da etkisiyle varlığı aslında Tanrı'yı herkesten çok seven ve bu sebeple onu paylaşamayan bir karaktere dönüştürülmüştür.

Yuhanna 2:15-17'de Şeytanın aynı anda yalnızca bir yerde bulunabilmesine rağmen insanları rahatça kullandığı, kendine esir ettiği ve bunu da dünya sayesinde yapabildiği anlatılır. Bu nedenle Yuhanna'da "Dünyayı ve dünya nimetlerini sevmeyin. Eğer biri dünyayı seviyorsa, Tanrı'nın sevgisi onda değildir. Çünkü dünyadaki her şey -bedenin şehveti, gözlerin şehveti ve yaşamın gururu- Tanrı'dan değil, dünyadandır" der.

Şeytanın insan üzerindeki gücü, Tanrı'nın her ne kadar izin veren ve yönlendiren iradesiyle sınırlanmış olsa da, korkutucudur. O ve onun kötü ruhları (Matt. 4, Luke 4); körlüğe (Matta 12:22), felce (Elçilerin İşleri 8:7) ve krizlere (Luke 9:39) yol açar, kendi kendine zarar veren veya tuhaf davranışlara neden olur (Luke 8:27, Matta 17:15); hayvanları kendilerini yok etmeye zorlar (Matt. 8:28-34); güçlü yanılsamalar yaratır (Ör. 7:11, 12). Bugün Paranoya, Huntington, disleksi ve Parkinson hastalığı gibi ve hatta hafif cilt hastalıkları uçuk ve sedef hastalığı gibi hastalıklardan ve rahatsızlıklardan müzdarip birçok insana eski zamanlarda şeytan tarafından "ele geçirilmiş" ya da en azından "dokunulmuş" insanlar muamelesi yapılmıştır (Malachi 1994: 48).

İblisler, başlangıçta hayattaki bazı hoş olmayan olaylardan sorumlu olan tarafsız veya kötü ruhlar gibi görünür. Bu yüzden onlara ibadet edilmez ve güçleri Tanrı'ınkinden çok daha aşağıdadır. Şeytan, insanların düşmanı veya suçlayıcısı olarak hizmet eden Tanrı'nın mahkemesinin bir üyesidir. O ayrı bir hükümdar değildir ve gücü de Tanrı'nınkine eşit değildir. Zaman geçtikçe Şeytan yeryüzüne inmiş bir melek haline gelir ve sadece bir melek olduğu için gücü hala büyük ölçüde Tanrı'ya tabidir. Şeytan, kendisine katılmış olan ruhlar veya iblisler krallığına ve yeryüzüne, özellikle de Tanrı'yı reddedenlere hükmeder, o bir ayartıcıdır. Şeytan mahkûmdur ve şu anda güç sahibi olmasına rağmen günleri sayılı ve sonunda yok edilecektir (Kuemmerlin ve Reese 1992: 55).

Bazı yazınlarda şeytanın ayartıcı gücüne karşı koymanın neredeyse imkânsız olduğu düşünülerek şeytanın bu ayartıcı saldırılarından ve tuzaklarından kurtulmaya çalışmak için ilginç bir uygulama yürütüldüğü görülmektedir. Frazer "Sesi, kendine özgü tatlılığı ve yumuşak çağrışımlarıyla pek çok dindar kalbe kendini sevdirmiş olan kilise çanlarının çalması, ibadet edenleri kutsal yerde ibadetlerine çağırmanın bir yolu olarak görülmesinin yayınlığından önce, iblisleri dua evinden kovmak için uygulanıyordu" diyerek kiliseye çağrı olarak bilinen bu uygulamanın aslında Şeytanı kovuşturma ritüeli olduğu görülmektedir (1923: 113).

Kur'an'da Şeytan tanımları araştırıldığında, Şeytan'a *Kur'an*'da iki isim verilir; "İblis" ve "Şeytan". Kuran'da İblis on bir defa, şeytan kelimesi ise yüz otuz sekiz defa geçer. Böylece bu iki başlık *Kur'an*'da yüz kırk dokuz kez geçer. Hepsi uyarı, kınama ve lanet referanslarıdır. *Kur'an* ayetleri Şeytanın arka planını ve rolünü açıkça ortaya koymaktadır:

"Meleklere, 'Âdem'e secde edin' dediğimizde, Şeytan dışında onlar secdeye kapandılar; o reddetti, çok kibirliydi ve inançsızdı" (Bakara: 34).

"Ey insanlar, yeryüzünün ürünlerinden helâl ve temiz olan her şeyi yiyin ve şeytanın teşebbüslerine uymayın; o senin en ateşli düşmanın. O, size ancak kötülük ve fenalık işlemenizi ve Allah hakkında bilmediğiniz şeyleri söylemenizi emreder" (Bakara: 168-169).

"Ey iman edenler, tam bir teslimiyeti kucaklayacaksınız; Şeytanın adımlarına uyma, çünkü o sizin en ateşli düşmanınızdır" (Bakara: 208).

"Şeytan size fakirliği vaad eder ve size fuhuş yapmanızı emreder; Allah ise size Kendi katından bir bağışlama ve lütuf vaad eder" (Bakara, 268).

"Partizanlarını korkutan sadece şeytandır. Onlardan korkmayın, eğer mü'min iseniz Benden korkun" (Al-i İmran/175).

"İman edenler Allah yolunda, inkâr edenler ise putlar için savaşırlar. Öyleyse şeytanın yandaşlarıyla savaşın. Şeytanın stratejisi her zaman zayıftır"(Nisa: 76).

"Allah'ın lanetlediği asi bir Şeytan'dan başkasına dua etmezler ve o söyler ki: And olsun ki, kullarınızdan belli bir pay alacağım ve onları mutlaka saptıracağım ve muhakkak içlerinde tutkular uyandıracağım ve kim Allah'ı bırakıp şeytanı seçerse, gerçekten hüsrana uğramıştır ve onun kaybı aşikârdır" (Nisa: 117-119).

"Kim Allah'ı terk eder, şeytanı dost ve veli edinirse, muhakkak bir hüsrana ve zarara uğrar"(Nisa, 119).

"Şeytan onlara vaatlerde bulunur, içlerini boş heveslerle doldurur ve onları aldatır; Şeytan'ın vaatleri ise ancak bir aldatmacadır"(Nisa: 120).

"Ey iman edenler! Sarhoş edici maddeler, şans oyunları, putlar ve ilahi oklar (falcılık) Şeytan'ın eserinin sadece birer rezilliğidir. Başarılı olabilmeniz için bundan kaçının. Şeytan, içki ve kumarla ancak aranıza düşmanlık ve kin sokmak ve sizi Allah'ı anmaktan ve namazdan alıkoymak ister. Peki, vazgeçmeyecek misin?" (Kız: 90-91).

"Ve eğer şeytan sana unutturursa, zikrettikten sonra zalimler topluluğu ile birlikte durma" (En'am: 68).

"Bazı hayvanları ulaşımınızın yanı sıra yatak olarak kullanmanızı da sağlar. ALLAH'ın size verdiği rızıktan yiyin ve şeytanın yolunda yürümeyin, o sizin en ateşli düşmanınızdır" (En'am: 142).

"Sana emrettiğim zaman secde etmekten seni alıkoyan nedir?" dedi. Şeytan "Ben ondan daha iyiyim, beni ateşten yarattın, onu çamurdan yarattın" dedi. Çık dışarı, aşağılanmışsın" (Araf: 12-13).

"Madem beni başıboş bıraktın, ben de senin doğru yolunda onlara pusu kuracağım." (A'raf:16) dedi.

"Ben onların önlerinden, sağlarından, sollarından ve arkalarından geleceğim ve çoğunun nankör olduğunu göreceksin". "Ey Âdem, eşinin yanında Cennet'te otur. Oradan dilediğiniz gibi yiyin, ancak şu ağaca yaklaşmayın, yoksa günaha düşersiniz. Şeytan, kendilerinden gizlenmiş olan bedenlerini ortaya çıkarmak için onlara kötü bir telkinde bulundu. Rabbiniz, melek olmanıza ve ölümsüz olmanıza engel olmak için sizî bu ağaçtan men etti" dedi. Onlara yemin etti: "Size nasihat ediyorum". Böylece onları yalanlarla aldattı. Ağacın tadına varır varmaz, bedenleri kendilerine göründü ve cennet yapraklarıyla örtünmeye çalıştılar. Rabları onlara şöyle seslendi: "Ben o ağacı size yasaklamadım mı ve Şeytan'ın en büyük düşmanınız olduğunu size söylemedim mi?" İkisi de dediler ki; "Rabbimiz, biz kendimize zulmettik, bizi bağışlamaz ve bize merhamet etmezsen hüsrana uğrarız" (A'raf: 17) 19-23).

"Ve iş bitince Şeytan dedi ki: "İşte! Allah sana hak vaad etti, ben de sana söz verdim ama tutmadım! Ve ben size seslendim ve bana karşılık verdiniz. O halde beni değil, kendinizi suçlayın! Ben sana yardım edemem, sen de bana yardım edemezsin. Bak! Daha önce bana yakıştırdığın şeyi inkâr ediyorum. Bak! Bütün zalimleri büyük bir azap beklemektedir" (İbrahim: 22).

"Şeytan "Rabbim, diriltilecekleri güne kadar bana süre ver" dedi. 'Sen mühlet verdin' dedi" (Hier: 37).

"Kullarından yalnızca Sana bağlı olanlar dışında hiçbir hâkimiyetin yoktur. 'Bu, dokunulmaz bir yasadır' dedi. "Senin kullarıma hiçbir gücün yoktur. Senin ancak sana uyan yandaşlarına gücün yeter" (Hier: 40-42).

"İman edip Rablarına tevekkül edenler üzerinde O'nun hiçbir gücü yoktur. Gücü, kendisini efendisi seçenlerle, Tanrı olarak seçenlerle sınırlıdır" (Nahl: 99-100).

"Madem onu benden üstün gördün, eğer bana kıyamet gününe kadar süre verirsen, pek azı dışında onun bütün nesillerini hükmüm altına alırım" (İsra: 62).

"Sesinle onları ayartabilirsin, bütün kuvvetlerini ve bütün adamlarını onlara karşı seferber edebilir, onların mallarına ve çocuklarına ortak olabilir ve onlara söz verebilirsin. Şeytan da onlara aldanmaktan başka bir şey vaat edemez." (İsrâ, 64).

Dini kaynaklarda görülmektedir ki Şeytan tanımı üç büyük kitapta da birbirine yakındır. Şeytan aldatan, kandıran, şeri barındırandır. Dini kaynaklardan söz etmişken dini kaynaklar kadar etkin kullanılan John Milton'ın önemli eseri *Yitirilen Cennet*'ten de bahsetmek gerekir. Popüler adı, çeviride *Kayıp Cennet* olarak geçse de, kitabın hikâyesine bakıldığında *Yitirilen Cennet* olarak alınması kanımca daha doğru olduğundan kitabın ismi bu kitapta bu şekilde kullanılacaktır. Bu eserde kullanılan tasvirler ve karakter analizleri birçok sanat eserinde, ünlü tablolarda, film ve dizilerde kullanılmıştır. Özellikle ayrıntılı Cennet ve Cehennem tasvirleri, Şeytan, diğer melekler ve iblislerin hem karakter hem de fiziksel özellikleri pek çok esere konu olmuştur. Hatta ilk akla gelen Şeytan boynuzları, kırmızı kostümü ve çatal asası John Milton'ın bu eserindeki tasvirlerinden alıntılandırılmıştır. Bu eseri daha da ilginç kılan ise Cennet, Cehennem, Melek ve Şeytan tasvirlerini tüm ayrıntıları ile veren Milton'ın bu kitabı yazarken kör olmasıdır. Yanında ona yardım eden bir yardımcıya kitabı dikte ederek yazdırmıştır. Bu da halk arasında Milton için üçüncü gözü açık söylentilerini ortaya çıkararak onu ve kitabını daha mistik ve ilahi bir konuma getirmiştir. Diğer bir yandan da *Yitirilen Cennet*'te, üç kutsal kitapta da bahsedilen Yaradılış hikâyesinin yeniden yorumlandığı ve Şeytan'ın ana karakter olarak alındığı ve *İncil*'e kıyasla kitabın Şeytanla başladığı fark edildiğinde Milton'a atfedilen ilahi öngörü kendini Satanist Şeytan'a tapan bir konuma getirmiştir. İki farklı görüşle de anılan ve dünyaca ünlü eserlerde tasvirleri kullanılan hatta *Eski Ahit*'in yeniden yazılmış ve yorumlanmış versiyonu diye okunan bir eser olarak 21. Yüzyılda da hala önemini korumaktadır. Adam ve Eve'in ilk itaatsizlik eden insanlar olmasının yanı sıra Tanrı'ya ilk itaatsizlik eden varlık olarak Şeytan tasviriyle *Yitirilen Cennet*, diğer kitaplardan ayrılır. Şeytan'ın kıskandıran, güçlü ve diğer meleklere göre en sevilen, en güzel, en görkemli, hür iradesini ve seçim hakkını kullanabilen varlık olarak tasviri de Milton'ın içten içe Şeytan'a duyduğu hayranlığı ortaya çıkardığı söylenirken diğer meleklere çok da fazla değinmemesi dedikoduları daha da arttırır. Şeytan'ın o ünlü repliği günümüzde hala konuşulmaktadır: " Cennette kalıp itaat edeceğime, Cehenneme gidip Kral olurum daha iyi" (Milton, 1667, 2. Kitap: 262-263). Ayrıca *Yitirilen Cennet*'te dikkat çeken başka bir tasvir de Eve ve Adam üzerinedir. Dini kaynakların aksine Eve, Şeytan'a merakından yenilse de Adam *Yitirilen Cennet*'te kendi özgür iradesiyle bile bile Eve'e olan aşkından dolayı, onun Cennet'ten atılacağını bildiği için yasak meyveyi yemeyi tercih etmiştir. Dini kaynaklarda Tanrı Adam'la konuşmayı seçerken bu kitapta her ikisi ile de konuşmamış, herşeye kadir özelliğini korumuştur. Melekler aracılığı ile Adam ve Eve birlikte uyarılmış, buna rağmen Eve daha ilgisiz kalmış, Adam daha meraklı olarak yasakları ve pek çok şeyi öğrenmiş olsa da yine de yasak meyveyi yemiştir. Şeytan ise zaferini kutlayarak Cennet'ten ayrılırmıştır fakat ceza almaktan kurtulamamıştır.

"Zihin kendi yeridir ve kendi içinde cehennemden cenneti, cennetten cehenneme çevirebilir" (Milton, 1667).

"Ben sefil! Hangi yöne uçayım? Sonsuz gazap ve sonsuz umutsuzluk? Ne tarafa uçsam cehennemdir; kendim cehennemim. Ve en dipte, daha aşağı bir derinlik beni yutmakla tehdit ediyor, sonuna kadar açılıyor, çektiğim cehennem ona cennet gibi geliyor" (Milton,1667).

"Akıl kendi kendinin yeridir ve kendi başına cehennemi cennete cenneti cehenneme çevirebilir" (Milton, 1667).

"Demek tanımıyorsunuz," dedi Şeytan, küçümsemeyle: "Beni tanımıyorsanız, demek kendinizitanımıyorsunuz" (Milton, 1667).

"... Ve oraya koyduğumuz insana, anlamak için Güç kullanıp yok edebilir mi onu, yoksa daha kötüsü, Kandırıp yoldan çıkarabilir mi? Başaracak bunu; Çünkü insan onun gönlünü okşayan yalanlarını dinleyecek ve itaatsizlik edecek hemen, ona verilmiş tek buyruğa"(Milton, 1667). Örneğin bu cümle derinlemesine düşünüldüğünde, Milton'ın *Yitirilen Cennet*'inde Şeytan'a mı imtihan olarak insanlığın yaratıldığı, yoksa insanlığın imtihanı olarak mı Şeytan'ın yaratıldığı şaibelidir. Sırf bu cümle ile bile diğer yazılardan ayrılarak Milton, dini kaynaklara farklı bakış ve yorumla yaklaştığını göstermiştir.

Ayrıca önemli bir ayrıntı da Milton'ın kitabında cennet diye atfedilen yer dünyada bir yerdir. Cennette melekler, Cehennemde iblisler, dünyada korunaklı bir yerde Adam ve Eve yaşamaktadır. Adam ve Eve'in düşüşü dünyaya değil, gözden düşmedir. İngilizce tabiriyle de "fall from grace" diye geçer. Dini kaynaklardaki gibi Cennetten düşmek ve gözden düşmek aynı anlamda kullanılmamış, sadece gözden düşmek anlamıyla kullanılmıştır.

İKİNCİ BÖLÜM
SİNEMA'DA ŞEYTAN MODELLERİ

2.1. Dr. Faustus'un Versiyonları

Dr. Faustus edebiyat ve sinemanın önemli bir bir eseri olarak ve Şeytan'a ruhunu satmış insan örneklerinden en popüler olanıdır. Edebiyatta üç farklı versiyonu olan *Dr. Faustus*'un film korku versiyonu ilk olarak 1967 yılında İngiltere'de, 1968 yılında ise Amerika'da vizyona girmiştir. Yönetmen ve başrol oyuncusu Richard Burton olup, bir diğer yönetmeni de Burton'ın hocası Nevill Coghill'dir. Elizabeth Taylor ve Richard McWhorter de Burton'e eşlik etmiştir. Edebiyatın üç örneğinden 1604 yılında yazılan Christopher Marlowe'un *Faust*'unu seçen Burton, 93 dakikalık versiyonunu hem İngilizce hem de Latince yayımlamıştır.

Faust'un trajedisi kulaktan kulağa dinlenen ve kilisenin kurallarına uyulması için insanların birbirlerine anlattığı önemli bir eserdir. Zaman içinde yazın formatında birkaç farklı yorumu ortaya çıkar. Marlowe, 1604'te Faust adlı bu gizemli kişi hakkında kamuoyunun dikkatini çeken ilk kişi olarak kabul edilse de, hem Goethe hem de Thomas Mann onu takip eder. Goethe, Faust'un I. bölümünü 1808'de ve Faust II'yi 1830'da, Mann ise *Doktor Faustus*'u çok daha sonra 1942'de yazmıştır. Faust'un gerçek bir adam olup olmadığı bazı tartışmaların kaynağıdır. Faust, bugün hala popüler bir anti-kahramandır. Tüm yazıların kahramanı Faust'u içeriyor olsa da, versiyonları önemli ölçüde farklılık gösterir. *Dr. Faustus*'un tüm yorumlarındaki farklılıkların nedeni, hem diğer nüshaların yazıldığı dönemin toplumundan hem de onları yazan kişilerden kaynaklanmaktadır (Walton 1998: 148).

Christopher Marlowe ve Johann Wolfgang Goethe'nin oyunu arasında birçok benzerlik ve farklılık vardır. Olaylar, özellikle oyunların sonları birbirinden farklıdır. Christopher Marlowe'un *Faustus*'unda, Faustus bir ilahiyat doktorudur ve Goethe'nin *Faust*'unda bir hekimdir. Her ikisinde de teolojiden çok büyücülük, kara büyüler, aşk ve sihir öğrenmeye başlarlar. Faustus, farklı bilgi alanlarını ele alır. Faustus büyük bir hekim olmasına rağmen, hala yaşam ve ölüm üzerinde hiçbir gücü yoktur. Hukuk, Roma hukukunun kodlanmış şekliyle kişileştirilmiştir. Justinianus: "Faustus, hukuku küçük bir konusu olan bir alan olarak kabul eder: kutsallık". Faustus'ta yer yer okunan, günahın ödülünün ölüm olduğunu ve tüm insanların günah işlediğidir. Tüm insanların günah işlemesi ve dolayısıyla tüm insanların ölmesi gerektiğini düşünür ve bu öğretiyi "che sera, sera" olarak reddeder. Tanrısallığa veda eder, sonra sanattan keyif alarak büyüye yönelir, kralların yetkilerinin bile topraklar içinde sınırlı olduğuna dikkat çeker. Ancak sihrin yardımıyla Faustus, Marlowe'un yarı Tanrı'sıdır. Faustus kendi hediyeleriyle şımartılmıştır. Genç adam zekidir, ancak bu parlaklık onu insanlığı öğrenmesi konusunda sabırsızlaştırmıştır ve bu sabırsızlığı onu sihire itmiştir. Faustus'un kendi kendine yaptığı uzun konuşması, karaktere açıklayıcı bir giriş niteliğindedir. Gurur günahı, oyunun önemli bir temasıdır, çünkü gurur tartışmasız tüm diğer günahların anasıdır ve Şeytan'ın da Cennet'ten kovulmasının yegâne sebebidir. Hiçbir bilgi biçimi Faust'u tatmin etmez ve tatminsizliği gururdan kaynaklanır. İnsani sınırlar tarafından kısıtlanmak istemez. Hekim olarak kınanması şunu anlatır: Faustus, bir doktor olarak başarılarından memnun değildir, ancak onun tarafından "bütün şehirler vebadan kurtulur ve binlerce umutsuz hastalık tedavi edilir. Hayat kurtarmak ona yeterli gelmez. Faustus doğaüstü güç ister: "Yine de hala Faustus'un ve bir insansın. İnsanları ebediyen yaşatırsan veya ölü olarak diriltirsen, o zaman bu mesleğe saygı duyulur". Faustus, derin bir saygısızlık düşüncesini dile getirir. Hıristiyan inanç sisteminde, yaşam ve ölüm üzerindeki güç Allah'a aittir. Ölülerin dirilişi Mesih içindir ve sonsuza kadar Tanrı'nın gücü dâhilindedir. "Mesih'in fedakârlığı sayesinde ölüm zaten yenilmiştir ve Tanrı'nın lütfuyla bir günahkâr bile yeniden doğabilir". Faustus bu tür bir kurtuluşla ilgilenmez. O, bir dayanak, dünyevi bir fanilik arar. Dolayısıyla tabiat kanunlarına ve Tanrı'ya tabi ölümlü olmaktan memnun değildir. Goethe'nin *Faust*'unda şehvet ön plandadır ve ayrıca açgözlülük ve şehvetten de açıkça bahsedilmiştir. Yani bu kitaplarda yedi ölümcül günahtan bazıları vardır. Yedi ölümcül günah, kibir, açgözlülük, şehvet, kıskançlık, oburluk, öfke ve tembelliktir. Özellikle kibir hep Lucifer (Şeytan) ile özdeşleşir ve pek çok film ve edebiyat eserinde Şeytan' a referans olarak atfedilmiştir. *İncil*, Şeytan'ın davranışları olan bu günahları takip edenleri lanetler, bu yüzden Tanrı bu günahları işlemeyi yasaklar, ancak Faust'un şehveti, bir kızı baştan çıkarmaya zorlar, böylece kendini Şeytan'ın peşinden gitmekten alıkoyamaz. Oyun Faustus'u etkileyici yapar, ancak görüşlerini yalnızca kusurlu veya seçici anlayıştan dolayı tutabilir. Faustus'un kusuru, bilgiye bilgilikten çok değer vermesidir. İlahiliği düşündüğü zaman, "Günahımız yok dersek, kendimizi aldatırız ve içimizde doğruluk yoktur" sözleri aklına gelir. Faustus satırları *Yuhanna*'nın Birinci Mektubu'ndan alır "Günahlarımızı itiraf edersek, sadık ve adil olan, günahlarımızı bağışlayacak ve bizi her türlü haksızlıktan arındıracaktır" (1 Yuhanna 1.9). Hıristiyanlığın bağışlayıcı yönünü göz ardı etmek Faustus'un mizacına uygundur: Bağışlanmak için kişi kendini Tanrı'ya tabi kılmak zorundadır ve Faustus'un bu tür bütün sınırlamaları reddettiği aşikârdır. Dünya üzerindeki yarı Tanrı hissi kendisine yetmez, o gerçek Tanrı, ilahi gücün peşindedir. Bu güç sarhoşluğunu da Şeytan'dan güç alarak ve kendi zekâsına güvenerek elde eder.

Faustus, Kutsal Kitap'tan seçilmiş olan pasajları alır ve onları komik hale getirir. Romalılar 6.23'ten alıntı yaparak "Günahın ödülü ölümdür" (1.1.40) ayetini okuduğunda, onun kısa ve özlü "İşte bu zor" sözü genellikle seyircilerden kahkahalar alır. Faustus bunu Yuhanna'nın Birinci Mektubu'ndaki pasajla bir araya getirerek, katı bir Hıristiyanlığın resmini çizer. Latince İncil'den yaptığı alıntıların ardından Latince yorumu, gülerek yazar: "Che sera, sera". Marlowe'un buradaki yazılı eseri karmaşık etkiler yaratır. Faustus bir yandan kutsal olan her şeyle alay ederken diğer yandan Hıristiyanlık inancı açık bir şekilde önyargılı ve seçicidir, ayrıca dinsizdir. Öte yandan, Faustus komiklikler yaparak kutsal şeylere hürmetsizlik eder ve seyirciler de onunla birlikte onun bu hürmetsizliğine gülerler. Faustus ahlaksızlığı itaatsizliği anlatsa bile seyircileri büyüler. Mephistopheles'in kadın kıyafeti giymiş şeytanı sunumu bir kara mizah anından daha fazlasıdır. Şeytanı kişiselleştirir ve kadını da hedef gösteren bir etki yaratır. Bu bir yandan dini kaynakları da desteklerken bir yandan da erkeğin üzerinden atmak istediği ve kötülüklerini, günahlarını kadın üzerinden temizlemeye çalıştığı görülür. Faustus'un bir eş istemesi kabul edilmez ve zekâsına rağmen Mephistopheles onu aldatmaya hazırdır. Goethe'nin Faust'unda Tanrı tarafından affedilir. Bunun aksine Marlowe'un kitabında o Cehennem ile lanetlenmiştir.

Goethe'nin hikâyesi, başlangıç ve sonuçtaki birkaç temel farklılık dışında, Marlowe'un anlatışına sadıktır. Goethe'nin versiyonunun ana odak noktası, Faust'un kadın aşkıyla olan çatışmalarıdır. Marlowe, Faust'un şehvetli arzularına kısaca değinse de, Goethe tüm yapıt boyunca bu unsura odaklanmıştır. Oyunun başlarında, Faust doğaüstü güçlerini kazandıktan hemen sonra, Gretchen adında genç bir kadını takip eder ve onu zamanla kandırır. O, Faust'un çocuğuyla birlikte çok geçmeden hiçliğe doğru kaybolur. Goethe'nin Faust hikâyesinin sonucu, Marlowe'unkinin tam tersidir. Korkunç iblisler tarafından vahşice öldürülmek yerine, Faust kurtarılır ve Gretchen'ın cennetlik ruhundan ilham alır. Marlowe'un Faust'unda olduğu gibi Cehennemin ateşli çukurlarına gönderilmeye karşı çıkan Gretchen, Faust'u Cennete götürmek için melekleri inmeye ikna eder (Morgan 1996: 91).

Goethe, yanıltıcı ve eziyet çeken Faust karakterinin Cennet'e yükselmesine izin vererek Faust hikâyesine büyük bir haksızlık yapar. Faust hikâyesinin tüm amacı, meydan okuyanları ve Tanrı katına yükselmeye çalışanları ne gibi cezaların beklediğini tasvir eder. Ancak daha yakından bakıldığında, Goethe'nin vardığı sonuç, hikâyenin kendi versiyonuna uyar. Goethe, daha önce de belirtildiği gibi, Faustus'un kadın için arzu ve şehvetin neden olduğu çatışmalara odaklanır. Dişil unsurları anlamak ve tamamlamak için verilen bu sürekli mücadele, Goethe'nin bazı eserlerinde ana temadır ve daha da önemlisi, simya sanatında sabit bir temadır. Goethe'nin *Faustus* hikâyesinin başında Hıristiyanlığın Tanrısı yer alır ve o erkektir. Sonunda, Faustus'a öbür dünyada tamamlanma ve başarı bahşedilen bir kadın varlığıdır. Faustus'un Goethe'nin *Faust* hikâyesindeki yükselişi, sonsuza dek mutlu bir sondan çok daha fazlasıdır (McLean 1992: 88).

Thomas Mann, Goethe gibi, yüz yıldan fazla bir süre sonra 1942'de Faust hikâyesini yeniden inşa eder. Asırlık hikâyenin yorumu, *Dr. Faustus* başlığını taşır: Alman Besteci Adrian Leverkuhn'un Hayatı. Bu versiyon, derin doğaüstü güçler yerine müzik dehası için ruhunu satan genç bir müzisyene odaklanır. Onun ıstırabı da, şeytani sahiplenme ve karanlık takıntıdan çok daha moderndir. Yine ödül olarak bu versiyonunda da Faust'a yaşaması için yirmi dört yıl verilir. İblislerin onu bariz bir şekilde paramparça etmesi yerine, müzikal dehasına yardım etse de sonunda ölümüne neden olan bir israf hastalığına yakalanır (Walton 1998: 101).

Mann'in Faust hikâyesini modernleştirmesinin nedenleri oldukça açıktır. Mann'ın zamanında, Faust hikâyesinin geçtiği pek çok yorumla, hikâyeyi basitçe yeniden yaratmak anlamsızdır. Bunun yerine Mann, hikâyeyi yirminci yüzyıldaki okuyucuların ilişki kurabileceği bir şekilde tamamen yeniden yazar. Şeytanın esiri olmasıyla inancını ve popülaritesini hızla kaybeden bir karakter seçen, Mann elli yıldan fazla bir süre sonra modern zamanda bile çok gerçek olan bir unsuru seçer. Modern çağda, bireysel başarıya daha fazla vurgu yapılır. Böylece Mann'ın versiyonundaki talihsiz Faust karakteri, şöhret için hayatına son verir. Marlowe, Goethe ve Mann, zamansız Faust karakterini ölümsüzleştiren sadece birkaç kişidir. Çağlar öncesinden bu talihsiz adama duyulan hayranlık asla bitmez. Farklı versiyonlarla Şeytan'ın girdabına düşen insan modeli yirmi birinci yüzyılda da sanatın önemli bir konusudur. Marlowe, Goethe ve hatta Mann'ın eserleri sürekli olarak modernize edilmekte ve Faust hikâyesinin sayısız farklı versiyonuna dönüştürülmektedir. Zaman sürekli değiştikçe, talihsiz Faust'un ölümsüz hikâyesi de değişecektir ama Şeytan'a ve Şeytan'ın sunduğu dünyevi lütuflara sahip olma hırsı, lütuflar değişse de aynı kalacaktır (Brown 1992: 43).

2.2. Dr. Faustus'ta Dinin Rolü

Dr. Faustus, insan dışı güçler için ruhunu Şeytan'a satan bir adamın hikâyesini anlatan on altıncı yüzyıldan kalma bir efsanedir. Bu efsane yazıldığı dönemden etkilenmiştir. On altıncı yüzyılda, dinin toplum üzerinde büyük bir rolü vardır (Davies I 962: cilt I:57). İnsanlar yönünden devletten gündelik hayata kadar her şeyi etkilemiştir. Bu hikâye, o dönemde yoğun bir dini etkiye sahip olan Avrupa'da geçmektedir. Faust efsanesi kara büyü ve büyücülük kavramını kullanır. Bu kavram, o dönemki dinin toplumdaki rolü nedeniyle genellikle şeytani unsur olarak kullanılmıştır. İnançlara veya inançsızlıklara ek olarak, Kara veba ve savaş gibi birçok trajik olay ve bu olayların Şeytan tarafından dünyaya getirildiği düşünüldüğü için insanları dinden uzaklaştırma hareketi gibi algılanmıştır (Blackwell 51).

Dr. Faust Christopher Marlowe ve Goethe efsanesinin iki farklı yorumunda, her ikisi de oyunlarında farklılıkları olsa da dinin ağır etkilerini taşır. Christopher Marlowe'un *Dr. Faustus*'u Christopher Marlowe, *Dr. Faustus*'un hikâyesine çok benzeyen ilahiyat derecesine sahip iyi eğitimli bir adamdır. Ateist ve bu çağda Şeytan'ın işi olduğu düşünülen Tanrısallık derecesine sahiptir. İnançları din normlarına uymaz. Bu, bugün onun ölüm nedenini birçok kişinin tartışmasına neden olur. Christopher Marlowe'un *Dr. Faustus*'unda ana karakter, vebanın neden olduğu tüm ölümlerin etkisine de sahip olduğunu düşündüğü bilgi eksikliğiyle mücadele eder. Bu, Dr. Faustus'u rahatsız eder, çünkü insanları ölümden kurtaracak bir ilaca ulaşabileceğini düşünür. Fakat başarısız olur. Bu sebeple bilgisi olmadığına ve hayal ettiği bilgiyi asla kazanamayacağına ve kara büyüye dönerek bunun ona aradığı bilgiyi vereceğine kendini ikna eder (Frontier 1995: 143). Bu, Mephistopheles adlı kötü ruhun ortaya çıkmasına ve Dr. Faustus'un, Mephistopheles'in yaratıcının efendisinin sırlarını söylemeyi reddetmesine rağmen, Dr. Faustus'un aradığı güçler için kendisine yirmi dört yıl vermesini teşvik etmeye çalışmasına neden olur. Ruhunu güçler için takas etme fikri, İncil'de tanıtılan bir kavramdır. *Matta İncil*'inde Şeytan, İsa'ya, ölümden sonra çektiği acıların karşılığında tüm krallıkları ona vereceği bir anlaşma teklif eder. Christopher Marlowe'un Dr. Faustus'unun hikâyesinin arkasındaki olay da budur (Frontier 145). Eylemlerin bir kısmının Paskalya sırasında gerçekleşmesi ve sırayla bizi dinin hikâye üzerindeki etkisi kavramına geri götüren diriliş ile birlikte dinin etkileri de gösterilir. Paskalya ve diriliş, efendinin oğlunu insanlık için feda ederek günahların bağışlanmasını ele alır. Goethe'nin *Faust* versiyonunun sonunda, Dr. Faust, birçok dinin çok güçlü bir temeli olan anlaşmanın kendisine düşen kısmını yerine getirmek için Şeytan tarafından ele geçirilir. İncil'de geçen bir cümle de şöyledir: "Eğer Şeytan'la bir sürü oluşturursanız, o zaman sonsuza kadar onun krallığına götürülürsünüz". Johann Wolfgang Von Goethe'nun Dr. Faust Goethe'si de eğitimli bir adamdır ve çoğu kez zamanının en büyük yazarlarından biri olduğu düşünülür. Babası tarafından Leipzig Üniversitesi'ne hukuk okumak üzere gönderilir. İkinci döneminin sonunda Goethe hukuk çalışmalarına olan ilgisini kaybeder ve üniversitede bulunan sınırlı edebi kaynakları tükettiğini hisseder (Dieckman 98). Enerjisini, Adam F. Oeser ile özel olarak çalışarak toplumun görgü kurallarını öğrenmeye ve sanata adar. Dr. Faust efsanesi, dinin etkileri açısından Christopher Marlowe'un Faust'una çok benzer, ancak Goethe'nin kendi din tasviri, deneyimleri ve yazıları vardır. "Cennetteki Prolog" adlı oyunun başında Mephistopheles, Dr. Faust'u efendisinden kurtarabileceğini, ruhunun ebediyeti için onu Şeytan'a götürebileceğine dair efendisiyle bir anlaşma yapar. Lord anlaşmayı kabul eder ve Faust'u elde etmek için elinden geleni yapması için onu gönderir. Katolik etki eğiliminde olan bu dönemde dini inanca göre, Şeytan'ın eylemlerinden birinin, insanı yüzeysel veya insanüstü olabilecek şeylerle ayartarak insanlığı Tanrı'dan ve emrilerinden uzaklaştırmaya çalışmak olduğuna inanılır. Bu, birçok dinin uyguladığı ve İncil'de defalarca ifade edilen bir inançtır. Eserde dini etkinin bir başka göstergesi de Faust'un evlenmek ve bir aile sahibi olmak istemesidir. Mephistopheles, bu evlilik fikrine çabucak cevap verir, çünkü evlilik, Tanrı'nın teşvik ettiği ve din tarafından yoğun bir şekilde teşvik edilen bir esarettir. Mephistopheles buna göz yummaz çünkü Şeytan'ın isteklerine aykırıdır ve bu onu Tanrı'dan uzaklaştırmanın başka bir yoludur. Sonlara doğru Faust Şeytan'a kapılmak istemediğini hisseder ve kurtulup yeraltına atılmamak için tövbe etmeye karar verir. Burada yine din için önemli bir anlayış hâkimdir. Eğer bir kişi Tanrı tarafından affedilmek ve işlediği tüm günahlardan kurtulmak istiyorsa, bağışlanmayı dilerse Tanrı'nın affedeceğidir. Bu, İncil'in büyük bir bölümünü oluşturan bir anlayıştır. Her iki yazar da farklı zamanlarda ve farklı koşullarda buna değinmişlerdir (Showmaker 2001: 158).

2.3. Goethe'nin Dr. Faust'u

Johann Wolfgang Goethe (1749-1832), Alman geleneğinin en büyük yazarı olarak kabul edilmektedir. Almanya'daki Romantik dönem, on sekizinci yüzyılın sonu ve on dokuzuncu yüzyılın başı, Goethe çağı olarak bilinir ve Goethe, Jean-Jacques Rousseau, Immanuel Kant ve Fransız Devrimi'nin miraslarıyla tanımlanan kuşağın kaygılarını somutlaştırır. Onun itibarı sadece bir lirik şair, romancı ve oyun yazarı olarak edebi başarılarından değil, aynı zamanda bir bilim adamı (jeolog, botanikçi, anatomist, fizikçi, bilim tarihçisi) edebiyat, sanat eleştirmeni ve teorisyeni olarak yaptığı önemli katkılardan kaynaklanmaktadır. Öyle önemli bir kişilikti ki, yaşamının son otuz yılı boyunca Almanya'nın en büyük kültürel değeri olmuştur. Avrupa'nın her yerinden ve hatta Amerika Birleşik Devletleri'nden bir hac nesnesi olarak hizmet eder ve küçük Weimar kasabasını ölümünden sonra onlarca yıl büyük bir kültürel miras olarak bırakır. Bu olağanüstü kişisel varlığın dışında; ezici, neredeyse tehditkâr edebi kişiliğinden ve on dokuzuncu yüzyıl Alman siyasetinin çalkantısındaki siyasi konumunun reddedilmesinden dolayı Goethe'nin büyüklüğünün edebi başarısından ziyade bilgeliğinde yattığına dair bir rivayet gelişir. Yine de eserlerine, özellikle Faust'a (1808, 1832; tercüme 1823, 1838) devam eden hayranlık, onun Avrupa geleneğinin en önemli yazarlarından biri olarak konumunu doğrular (Brown 1989: 231).

2.3.1. Goethe'nin Faust'unu Katolik Bir Perspektiften Okumak

Goethe'nin Faust'u geleneksel olarak Alman idealizmine bir övgü ve onun özü olarak görülür. Bu yoruma göre, Faust, bitmek tükenmek bilmeyen çabalarıyla, salt bir irade eylemiyle dünyasını yaratan, böylece insanlığın en önemli amacına ulaşan, bireysel mükemmelliğin kişisel başarısı olarak görülen tüm insan aktivitesinin kişinin tüm gizli potansiyelini nihai bir dereceye kadar geliştiren ve arketipik Modern Batı insanıdır. Böylece, Faust mutlak hale gelir, bu yüzden denilir ki, iradesi kendisine egemen olan bir yasa, modern bir Prometheus'tur (Hamlin 1976: 211).

Oyunun Katolik atmosferi düşünüldüğünde, Goethe bize yalnızca Reform arifesinde Almanya'nın tamamen Katolik ortamını sunmakla kalmaz, aynı zamanda soyut düzlemde de Katolik bir ambiyans sunar. Oyun, dünyevi eylemin çerçevesini oluşturan Cennette başlar ve biter. İlk göksel sahneleri, Eyüp Kitabı'nın ilk bölümünün 1-12. Ayetlerine dayanmaktadır. Goethe'nin versiyonunda Mephistopheles, Tanrı'yla Faust'u cehenneme götürebileceğine dair bahse girer, ancak Tanrı, kulu Faust'un sebat edeceğinden emindir. Böylece dünyevi yaşam, kişinin, düşmanın yoluna koyduğu sürekli ayartmalar ve günah durumları karşısında kurtuluşunu gerçekleştirdiği bir deneme süresi olarak görülür. Son Cennet sahnelerinde Kutsal Meryem, Meleklerin ve Baş meleklerin Işığı ve Pater Seraphicus, Acta Sanctorum'dan Maria Aegyptiaca ve Doktor Marianus gibi azizlerle tanışırız (Whiton 1996: 191).

İlk önce çalışma odasının ve simyager laboratuvarının dar gotik mahzenleri altında yaşlanan Profesör Faust karşımıza çıkar. Onun dayanak gücü kalmamıştır ve intihar etmeye karar verir. Derin umutsuzluğunun nedeni, hayatının amacında başarısız olması gerçeğidir. Faust, kendisini Gnostik arayış olarak adlandırılabilecek şeye, yani katıksız her şeyi bilmeye, doğrudan, koşulsuz ve mutlak Wessensschau'ya, saf özlerin kendi içlerinde oldukları gibi anlaşılmasına adamıştır: Dünyevi bir versiyon, denilebilir ki, zaman ve mekanda gerçekleşen kutsayan görüşün dünyevi bir versiyonu. Faust'un bu vizyonu, lütuf olmaksızın ve ilahi vahiy kitabına başvurmadan kendi çabalarıyla elde edebileceğini düşündüğü söylenebilir. Böyle bir projede gizli olan kibir, Faust'un bu imkânsız arayışı başarısız olduğunda canını almaya yönelik ya hep ya hiç kararlılığıyla örtüşür (Goethe 1985, bölüm 1: 81).

Faust, meşgalesinden Kutsal Cumartesi gecesi olduğunu unutur. Yandaki kilisede Paskalya kutlanmaktadır. Faust yankılanan "Mesih dirildi!" adlı ilahiyi duyduğunda, gençliğinin inancının sevgi dolu hatırası, kadehi elinden bırakmasına neden olur. Krizin üstesinden gelen Faust, yeni bir arayışa girer. Önce mutlak bilgiyi geleneksel akademik çalışma araçlarıyla arar, sonra bu yöntem onu sihir yoluyla başarısızlığa uğrattığında, vahiy kitabına geri döner. Martin Luther gibi, Faust da İncil'i Almancaya çevirmeye başlar (Goethe 1985: 82).

Mephistopheles, *İncil* çevirisi sahnesinden hemen sonra ortaya çıkar. Goethe, Faustus efsanesinin Şeytanıyla geleneksel anlaşmayı daha dinamik bir bahse dönüştürür. Faust lanetlenecektir. Eğer Şeytan, yaşadığı anın hiç bitmemesini dileyeceği bir duruma sokabilirse onu tam bir memnuniyet durumuna getirecektir. Yani Faust'un çabalamayı bırakıp kendinden memnun, kendini beğenmişliğe kapılacağı bir durum oluşacaktır. Faust ruhunu Şeytan'a sattığında bir cadının mutfağında sihirli bir iksirle gençliğine döner ve Mephisto ile yeni hayatı artık başlayabilir (83).

Şeytan'ın Faust'a sunduğu dünyevi ayartma vaadi üç tanedir: açgözlülük, şehvet ve güç. Böylelikle Goethe geleneksel Faustus motifini korumuş olur. Faust kendisine sunulan vaadlerden sıkılınca, Mephistopheles daha güçlü şeylere başvurması gerektiğini fark eder. Bu da cinselliktir. Faust, önce saf, masum Alman bakireliğinin simgesi olan Gretchen'la, ardından Şeytan'ın tüm cadılarıyla yıllık toplantısını düzenlediği Walpurgisnacht sahnesinde cinsellik ile baştan çıkarılır. Bu kandırma modeli, Goethe'nin Alman folklorundan aldığı bir motiftir. Ayrıca Yunan mitolojisi simgesi, gölgesi Hades'ten gelen Faust'un hayal ettiği klasik güzelliğin simgesi olan Truvalı Helen Faust'un baştan çıkmasına etken olacaktır. Son olarak Faust cadılarla zevk ve eğlenceyi reddeder; o, bu tür yollarla elde edilecek kadar basit biri değildir. Gretchen ve Helen ile Mephisto neredeyse başarılı olur. "Neredeyse" çünkü Faust'u tüketen yalnızca şehvet değildir. Gretchen'a karşı, çocuğuna hamile kaldığında onu terk etmesini engelleyecek kadar güçlü olmasa da gerçek bir aşk hisseder. Faust, Helen'de sadece cinsel arzusunun bir nesnelliğini değil, aynı zamanda bir ideali, güzelin özünü ve vücut bulmuş halini görür. Ama son dönümde, ne kadın saflığı ne de kadınsı güzellik Faust için nihai tatmin kaynağı olamaz. Gretchen ile Alman şehir hayatının dar sınırları içinde bir aile babası ve şehirli olarak yerleşmek Faust için çok kısıtlayıcı olur. Helen'e gelince, onun bir gölge ya da hayaletten başka bir şey olmadığı belirgindir. O çok ruhanidir; somuttan ve gerçeklikten yoksundur. Güzellik ideali olarak o, deyim yerindeyse çok fazla biçim ve çok az içeriktir. Goethe burada güzelin (sanat olarak) kendi iyiliği için var olmadığını, onun ahlaki ve toplumsal olarak faydalı bir içeriğin aracı olması gerektiğini söyler. Yani güzel, doğrunun ve iyinin karşılığı olmalıdır. Bu Helen'de yoktur ve bu yüzden Faust'u tamamlayamaz (84-85).

Üçüncü ayartma şekli olan güç bizi Alman siyasetinin merkezine, bizzat Kutsal Roma İmparatoru'nun mahkemesine götürür. Burada Şeytan'ın yardımıyla Faust hükümdarın sağ kolu olur. Bundan memnun olur, ancak imparator tahtta olduğu sürece Faust'un konumu her zaman ikincil olacaktır. Bunu kabul edemez. Kendi başına egemen olmalıdır, bu yüzden Faust'a bir tımar verilir. Nominal olarak, elbette, hala imparatora tabidir, ancak kendi topraklarında Faust mutlak bir lordtur. Bu durumun nihayetinde Faust'u nasıl tatmin eder gibi görünür ama bu şekilde Faust Mephistopheles'le bahsi kaybetmez. Ancak önce, Faust'un mutlak arayışındaki ilerlemesini, "Gnostik arayışındaki" ilerlemenin grafiği yeniden ele alınmalıdır (86).

Yine, Faust'un mutlak olanı kendine mal etmeye çalıştığı üç şekilde, dikkate alınması gereken yönler vardır. Bunlar: önce entelektüel bilgi yolu, sonra his ya da duygu yolu ve son olarak eylem yolu, İncil'de geçen kelimesiyle "eylem" yolu kullanılmıştır. Faust'un geleneksel akademik çalışma yolunda mutlak olana ulaşmada nasıl başarısız olduğunu, (Faust'un hem yüksek lisansı hem de doktorası vardır) ve Faust'un kendine özgü ilişkisi, onu, vahiy ile logoları "eylem" olarak tercüme etmeye nasıl yönlendirdiği görüşmüştür (Rose 1975: 23). Ancak Faust'un varlığın sırlarını çözme girişimlerinde sihir kullanması düşündürücü bir durum olarak hala gizemini korumaktadır. Bu konudaki en büyük başarısı Doğanın Ruhunu, Erdgeist'in kendisini canlandırmasıdır. Ancak Erdgeist, sırlarını Faust'a açıklamak şöyle dursun, sözde ustayı çok cılız bulur ve onu küçümseyerek reddeder. Faust'un böylesine büyük bir ruh üzerinde hiçbir gücü olamaz. Ruh ortadan kaybolur. Faust başarısız olur (87).

Doğanın Ruhu Erdgeist'i, aklı algılayamıyorsa, belki de Faust amacına karşı taraftan, his ve duygu yoluyla ulaşır. "Ormanlar ve Mağara" adlı sahnede panteist Faust'u görürüz. Geniş ve mistik bir ruh hali içinde ruhu doğaya uzanır ve onunla bütünleşir; hen kai pan, filozofların dediği gibi her şey birdir. Ancak büyü, birkaç alaycı sözle Faust'un doğayla olan bağını kesen Mephistopheles'in yaklaşımıyla kısa sürede bozulur. Bu sefer sıra tekrar Gretchen'a gelir. Faust, saf, el değmemiş bir bakirenin bozulmamış masumiyetinin sevgisiyle doğal olana sahip olabilir. Ama Faust, saf aşkına karşılık vermek yerine, genç kadını baştan çıkarır; Truvalı Helen ile gizli ilişkisi yüzünden bu güzel deneyimi de başarısız olur, çünkü estetik alanda, göründüğü gibi, sadece hissetmek onun için yetersizdir. Onun için oğulları Euphoria bile dünyada uzun süre kalacak kadar önemli değildir. Helen Hades'e döner. (88)

Gretchen'nın kaderi trajiktir. O ve Faust rahatsız edilmemek için, annesinin akşam içeceğine gizlice bir uyku tozu koyar (onu Mephistopheles'ten alan Faust vermiştir), ama görünüşe göre bu ilaç zehirdi, çünkü kadın asla uyanmaz. Daha sonra Gretchen'ın kardeşi Faust'la yüzleşmek için ortaya çıkar. Ardından girdikleri düelloda Faust onu öldürür. Gretchen, yalnızca annesinin değil, aynı zamanda kardeşinin de kendisinin yüzünden öldürüldüğünü ve suçluluk yüküyle Faust'un kaçtığını hisseder ve gayri meşru çocuğunun doğumuyla tamamen yalnız yüzleşir. Yalnız Gretchen, küçük bir Marian Mabedindeki dokunaklı bir sahnede yardım için Kutsal Meryem'e başvurur ve oyunun sonunda, onu Cennette gördüğümüzde duasının kabul edildiğini öğreniriz. Yine de, Gretchen gerginliğin altında ezilir ve utancını gizlemek için yeni doğan bebeğini boğar. Elbette onun küçük topluluğunda bebek katili olması uzun süre bir sır olarak saklanamaz. Gretchen tutuklanır, yargılanır ve ölüme mahkûm edilir. Faust bunu duyduğunda, Mephisto'nun yardımıyla onu serbest bırakıp onunla kaçabileceği hücresine koşar. Ancak Gretchen taviz vermeyi reddeder. Ölümünü günahları için adil bir ceza olarak kabul eder; canını bağışlanmak için dua ederek Tanrı'ya sunar. Her zaman alaycı olan Mephistopheles kutsal görevi zorla almaya kalkıştığında ve Gretchen'ı mahkûm olduğunu söyleyerek yargıladığında, gökten gelen bir ses onunla çelişir ve kurtarıldığını bildirir. Faust ve şeytani arkadaşı,

Gretchen'in haklı olarak kutsal bir yer olarak adlandırdığı hapishane hücresini terk eder (89).

Kadın figürü karşımıza yine erkeğin dünyadaki sınavı olarak çıksa da, bu sefer kadın yaşadığı durumun günahkâr konumundan rahatsız olur ve bu bedeli canıyla öder. Her ne kadar kadın figürü dünyevi bir ayartma modeli, şeytani bir model olarak alınsa da hatalarından ilk dönem insan yine kadın olduğundan bu hikâyede kadın, daha karakteristik bir özelliğe sahiptir.

Faust, akademik çalışma, sihir, duygu, doğa, kadınsı masumiyet ya da kadın güzelliği yoluyla kendisine sunulan bu girişimlerin hepsinin yanlış olduğunu anlar ve bunlardan vazgeçer. Faust, sonunda insanın mutlak olanla sembolik olarak bağlantı kurduğunu anlar. Goethe için bir simgenin soyut, ebedi ve sonsuz gerçekliğinin zaman ve uzayda somut, gerçek bir göstergesinin bu deneysel dünyada olduğunu belirtir. Dolayısıyla Faust'un nihai mesajı, tıpkı bir gökkuşağının kırılmasının saf güneş ışığının "sembolü" olması gibi, bizim algıladığımız şekliyle gerçek dünyanın ilahi olanın sembolü, kaderi, yarı kutsallığı olduğudur. (91) Ancak Faust burada durmaz. Yine de Gnostisizm olacak bu yeni gerçeği, kendi iyiliği için bilgi olarak bilmekle yetinmez. Faust "hayatını yaşa" kavramını benimser ve işte tam burada "Başlangıçta eylem vardır" düşüncesi devreye girer. Faust'a göre eylem, insanın bu dünyayı kabul etme ve onun içinde yaratıcı bir şekilde çalışma, böylece kozmik düzlemde ilahi yaratma eylemini insani düzeyde yeniden özetleme görevi anlamına gelir. Faust, toplumsal olarak yararlı, iyiliksever, insancıl etkinlikle, eylem yoluyla deneysel gerçekliği kendine mal eder ve yaşamı kendisi ve imparatorun emanet ettiği toplum için anlamlı kılar. Bir zamanlar Gnostik arayış yoluyla mutlağı arayan Faust, şimdi onu halkı için yeni topraklar yaratarak, hendekler inşa ederek, bataklıkları kurutarak, şehirler kurarak ve mal yüklü gemiler göndererek bulur (92).

Bu dünyayı kabul etmek ve onun zamansal ve mekânsal sınırları içinde çalışmak insanın görevidir. Faust, bu kabulün alçakgönüllülüğünde, insan projesinin burada, yeryüzünde hiçbir zaman tamamlanma ve mükemmelliğe ulaşamayacağı gerçeğinin de kabul edildiğini fark eder. Acı deneyimlerden öğrendiğine göre, tüm insani çabalara keder, yoksunluk, suçluluk, endişe, özen ve ızdırap eşlik eder. Faust'un gücü kullanımı, artık alçakgönüllü olduğundan ve bencil olmayan bir şekilde başkalarının yararına yönlendirildiğinden, Mephistopheles'in üçüncü ve en güçlü ayartması Faust'u mahvolmaya değil kurtuluşa götürür. Şeytan başarısız olur; Faust bahsi kazanır. Yüz yıllık ömrünün sonunda ve son anında çabasının amacına ulaştığını ve sona erebileceğini ilan eder. Onun hizmeti, özgür, çalışkan ve başarılı bir halkın yaşadığı bütün bir eyalet olur (94).

2.4. "Cura" Geleneği: Antik Roma

Eski edebi, mitolojik ve felsefi kaynaklar, adını mitolojik bir figürden alan "Cura" geleneğine dayanmaktadır. Bu geleneğin arka planı, antik Roma'nın Latin edebiyatındaki cura (manevi ve duygusal destek modeli) teriminin belirsizliğinde bulunur. Terimin iki temel ama çelişkili anlamı vardır. Bir yandan, bir kişinin "kaygılarla yüklendiği" söylendiğinde olduğu gibi endişeler, sıkıntılar veya evhamlar, öte yandan manevi ve duygusal destek, bir başkasının refahını sağlamak anlamına gelir. Bu ikinci anlamla uyumlu, özenli vicdanlılık veya bağlılık olarak pastoral bakımın olumlu çağrışımıdır (Burdach 1923: 78).

Pastoral bakımın karşıt anlamları arasındaki mücadele – bir yük olan manevi ve duygusal destek ve istek olan manevi ve duygusal destek ve ayrıca manevi ve duygusal desteğin insan olmak için radikal önemi, Hyginus tarafından düzenlenmiş ikinci yüzyıl Latin mitolojiler koleksiyonunda bulunan, "Koruma" adlı, etkili bir Greko-Romen mitolojisinin öğeleridir. Aradan geçen yüzyıllar boyunca edebiyatta, felsefede, psikolojide ve etikte özen fikrine, diğer herhangi bir tek kaynaktan daha fazla, bu az bilinen efsane şekil vermiştir (Grant 1960: 101). Köken mitolojileri, hem ilahi hem de insani yerleşik düzeni sorgulamak ve iktidar ve toplumsal düzen hakkındaki iddialar da dâhil olmak üzere radikal ahlaki iddialar oluşturmak için sıklıkla kullanılmıştır (Shaklar 1972: 94).

Ruhların Bakımı Geleneği ahlaki anlamı sadece anlatılarla şekillenmez, aynı zamanda tarihsel olarak ruhların bakımı gibi uygulamalar da görülür. Ruhların bakımı, ruhsal, zihinsel veya fiziksel zorluklara, yaşamın dini amaçlarının peşinde koşma bağlamında veya dini olmayan bağlamlarda, nihai anlam arayışı bağlamında yaklaşılan sorunlu kişilerin bakımı anlamına gelir (Clebsch & Jaekle 1964:156).

Bu etkinlikleri belirtmek için "ruhların bakımı" teriminin seçilmesi, ruhların bakımı geleneğinde kapsamlı bir şifa fikrine yapılan tarihsel vurguyu yansıtmaktadır. Ruhların bakımında kullanılan "ruh" kelimesi, seçilen felsefi açıklamaya veya terimin kullanıldığı dini geleneğe bağlı olarak çeşitli anlamlara sahiptir. John McNeil ruhu "insan kişiliğinin özü" olarak adlandırır. Bedensel yaşamın salt bir ifadesi olmaksızın bedenle iç içe geçmiş ruhtur. Ruh, esenlik ve kutsanma olanaklarına sahipken, düzensizliğe ve ıstıraba duyarlı olarak kabul edilir. Öyleyse ruhların bakımı, "kişilik sağlığı" peşinde, fiziksel yaşamın gereklerinin ötesine geçen konularda kişilerin iyileştirici tedavisidir (McNeill 1951: 211).

Bulunan olumsuz ve olumlu bakım arasındaki karşıtlık, birçok insanın taşıdığı ağır yükleri - hayatın endişe verici kaygılarını - rahatlama veya özenli bakım ile karşılaştıran İsa peygamber tarafından da sunulur (Matt. 11: 28-30). İsa peygamber insanlara, yaşamın gerekleri konusunda kaygılanmamalarını, bunun yerine, onların ihtiyaçlarını bilen Tanrı tarafından bakılacağına güvenmelerini öğütler (Matt. 6:25-34; Davies 1962: 164).

Özetle ruhun kendini gerçekleştirmesi ve huzur bulması yine dünyadaki sınavlarla oluşur. Samuel Taylor Coleridge'ın *Yaşlı Gemici* şiirindeki gibi yaşam, başı sonu belli olan azgın ve ne getirdiği belli olmayan büyük bir okyanusta kat edilen bir gemi yolculuğuna benzer. Hayat yolculuğumuzda karşılaştığımız zorluklarla, ruhumuzu dünyanın ayartıcı özelliklerinden koruyup koruyamayacağımız birer imtihandır. Sonunda huzura erip ermeyeceğimiz de bu yolculukta verdiğimiz kararlarla şekillenirken yaptığımız tercihler de hür iradenin getirisidir. Bu düşünce modeli ile insan aslında Şeytanla aynı imtihana sahiptir. Hür iradesini kullanan insan karşısına çıkan engellerle baş eder ya da yenilir. Aynı şekilde Şeytan da hür iradesiyle kendine verilen görevi gerçekleştirmek uğruna kararlar verir. Bu kararlarla ya yenilir ya kazanır. İnsan ve Şeytan'ın bu benzerliği yine iyi ve kötünün dengesinin sağlanmasını, dolayısıyla ayrı görevleri olan varlıkların dünyanın dengesini kurarak devam etmesini sağlar.

2.5. Goethe'nin Doktor Faust Eserine İlişkin Yorumlar

2.5.1. Goethe: Romantik Tasvir

Mitolojik Kaygı (Cura) fikri 18. ve 19. yüzyılın başlarında, Johann Wolfgang Goethe'nin (1749-1832) eserinde, efsanenin anlamı ve ilgisinin daha önce hiç olmadığı kadar yeniden keşfedildiği bir dönemde Alman edebiyatında ortaya çıkmıştır. Kaygı Efsanesini (the Myth of Care) öğretmeni Johann Gottfried Herder'den (1744-1803), özellikle Herder'in "The Child of Care" adlı şiirinden alan Goethe, bu efsanenin ana temalarını dram şiiri Faust (Grant 1960; 99, Burdach 1923:144) adlı başyapıtına işlemiştir.

Goethe'nin *Faust*'unda Johann Goethe, Faust'u Christopher Marlowe'nin oyunundaki aynı karakterle sunar. Faust, doğa bilimlerinin sınırlarına ulaşmış gibi görünen zeki adam olarak tanımlanır. Faust, Alman şehri olan Wittenburg'da 16. yüzyılın başlarında yaşayan bir âlimdir. Kibirli, şevkli ve bilgiye aç bir yapısı vardır. Bir entelektüel olarak Faust, günümüz üniversitelerinde akademik konular arasında sayılmayan mevzuları (şeytan çağırma ve astroloji gibi) yakinen bilen biridir. Böylece şeytanla olan ilişkisi hızlı ve kolay bir hale gelir. Mephistopheles bu oyundaki şeytanın adıdır. Mephistopheles yalancı, yıkıcı, yok edici ve kurnaz şeytan anlamına gelir. Kendisi, Faust'un çağrılarına gelen ve Faust'a hizmet eden şeytandır. Aslında Mephistopheles, başarılı bir fizikçi olan Faust hakkında konuşmak üzere Tanrı tarafından çağrılır. Tanrı, Mephistopheles'e onun çalışmaları ve ibadeti hakkında bilgi verir, böylelikle Mephistopheles öfkelenir ve Tanrı'yla Faust'u yoldan çıkarıp çıkarmayacağı konusunda bahse girer. Tanrı bu teklifini kabul eder. Böylelikle Mephisto, Faust ile tanışır ve onu Tanrı'nın yolundan saptırmak üzere kendisine boş ama çekici şeyler vaat eder ve aralarında Faust'un kanı üzerine bir sözleşme imzalarlar. Mephisto kendisine hizmet etmeye başlar, ancak kendisini yoldan çıkarır ve duygularına şeytani düşünceler yükler. Bir kızı kendisine çekici kılar, böylece Faust, ismi Margarette olan kızı baştan çıkarmak ister. Kız, iyi bir Hristiyan olarak dinine bağlı olsa da içgüdülerini durduramaz ve Şeytan (Mephisto) Margarette'i büyüleyici bir şekilde etkileyen mücevherle baştan çıkarır. Ardından Margarette hamile kalır, ancak Faust kendisini reddeder ve bebeği suda boğarak öldürüp Margarette'i de idama mahkûm eder.

Akıl ve bilim arayışına tutkuyla bağlı olan Dr. Faust kaygısız, yani hedeflerine ulaşmanın sıradan insan kaynaklarıyla çalışmanın gerektireceği rahatsız edici kaygılarından arınmak ister. Mephistopheles (şeytan) ile bir anlaşma yapar. Mephistopheles'in ilmi ve büyü yardımına karşılık Faust, onun kölesi olmayı kabul eder; böylece ruhunu şeytana satabileceğini en başından kabul eder (Goethe 1985: 34).

Oyunun son perdesinde, denizden geri aldığı zenginleşmiş toprakların hükümdarı Faust güçlü ve zengin olur. Faust, emri altında çalışan sahtekâr Mephistopheles'in yenileme projesinde yıkılması gereken son kulübeyi yangınla korkunç bir şekilde yok ettiğini; alevlerin içinde yanıp kül olanın, Faust'un yerlerini değiştireceğine söz verdiği huzur dolu yaşlı bir çift olduğunu anlar. Pervasız emrinin korkunç sonuçlarıyla dehşete düşen Faust, Mephistopheles ve büyüsüyle olan bağlarını koparır. Yaşamına şeytanla anlaşma yapmadan önce olduğu "basit" bir insan olarak devam etmek ister. Bu içsel değişim, Faust'un karakterine karşı savaş ve Care (Kaygı)'in ortaya çıkması için zemini hazırlar. (Goethe 1959; 53- Burdach 1923: 74).

Yaşlı bir cadı olan ve kendini "kasveti asla dinmeyen rehber" olarak adlandıran Care (Sorge), kendisini tanımadığı için Faust'a çıkışır: "Care'i biliyor musun?" Faust'un karanlık ruhunu ve belirsizliğini kınar ve kendisini tam anlamıyla tanımayı reddettiği için onu kör eder. Sarge'nin kaygısının korkunç ağırlığı, Faust'u neredeyse mahveder ancak ruhunu ele geçiremez. Faust'un işlediği suçun korkunç dehşeti ile bağlantılı olan Sarge'nin suç duyurusu, Faust'un taşıması güç kaygıdan olumlu tasanın ilgi uyandıran meraka dönüşmesine neden olan bir etkiye sahip olur. Kendisine amansız kazanımlar getiren "mücadelesi", kitlelerin baskıcı manipülasyonu ve yaşlı çiftin yıkımı, körlüğü sırasında halkına karşı samimi bir ilgi duymasına neden olur (Jaeger 1968: 58).

Goethe'nin Faustçu anlatısı, insan ve kurumlarla ilgili olarak bazen can sıkıcı ve acı verici bir kaygıyı giderirken insanın kendi yaşam hedefleri için çabalamasının korkunç içsel ve dışsal zararla sonuçlandığını gösterir. Kaderinin peşinden giden insanlar kaygıdan kurtulamaz. Öncelikle insan, kaygının bunaltma ve yok etme gücünü reddederek ağır tarafını ele alır, ardından tüm insani mücadelenin kökü olan bu tasayı, insanlar ve kurumlar için olumlu ve ihtiyatlı bir kaygıya dönüştürür. Goethe için tasa, vicdan ve bağlılık haline gelir. Aynı zamanda, Faust için olduğu gibi kişinin ahlaki "kurtuluşunun" anahtarı olabileceğinden tasa, temel olarak insani durumla da ilgilidir. Günümüzde kaygıyı yalnızca kişiler arası bağlılıkla ilişkilendirme eğiliminin aksine Goethe, kaygının anlamını politik bir ortamda işler; Faust için mesele, bir hükümdar olarak ihtiyatlı kaygı gösterip gösteremeyeceğidir (Burdach 1923: 81). Sonuç olarak Goethe'nin kaygı tasvirinin amacı Şeytan'ın kandırma gücü ve manipulatif etkisinin gözler önüne serilmesi ve insanların dünyevi ihtiyaçlara bir şekilde uyum sağladığına ve bu dünyadaki her şerrin Şeytan'dan olduğu düşünülürse Faust ve Margarette, ayrı ayrı da olsa aynı Adam ve Eve gibi Tanrı'nın gözünden düşen iki günahkâr olurken kandırıldıklarını anlasalar da tarih bir döngü gibi tekerrür etmektedir. Öyleyse dünya aynı düzende neden devam etmektedir? John Milton'un kitabında bahsettiği, Shakespeare'in en önemli eserinde yer verdiği gibi kötülük içinde iyilik, iyilik içinde kötülük mü barınmaktadır. İyi ve kötünün dengesi, tıpkı Freud'un insan dengesini dengeleyen beyindeki üç katman kümesi gibidir. Ego, id ve superegoyu dengelerken insan hayatını dengede tutar. İd hayvanı dürtüleri sembolize ederken superego da toplumsal yaptırımların bireyde vucüt bulmuş halidir. Bu ikisinin dengesini ego sağlar. Herhangi biri daha baskın olursa kişi psikolojik sorunlar yaşar. Aynı durum iyi ve kötünün dengesi için de geçerlidir. Dünyadaki iyilikleri dengeleyen kötülükler de ego ve superego kadar bireyin hayatında önemli taşır ve bireyden toplumun her kesimine doğru etkisi yayılır.

2.5.2. Goethe'nin Faustunda Şeytan, Güç ve Kadın Öznelliği

Goethe'nin *Faust*'unda kadınların rolünü inceleyen çok sayıda bilimsel makalenin bunu dramadaki işleviyle "ewing-weibliche" veya "ebedi kadınsı" tanımını ve önemini anlamak amacıyla yaptığı anlaşılmaktadır. Bu maksatla Gretchen karakteri, çoğunlukla kadın prototipi olarak seçilir. Margaret'in kadınsı karakteri yani Gretchen, kendini son derece güçlü bir kadın olarak gösterir ancak erkek bakış açısıyla erkeğin tarafında tüm ayrıcalıklara ve avantajlara sahip dişinin vücut bulmuş hali olarak da kabul edilebilir (Schweitzer 1994: 116).

Özellikle cadı ve Gretchen karakterleri, özel ve çoğunlukla iç mekânlarda hareket ettiklerinde büyük güç gösterisinde bulunurlar. Bu kadınlar, özerkliklerinin ve öz kontrollerinin altını çizmeyi sağlayan kapalı alanların ve bu alanlardaki kişilerin (erkek veya kadın, insan veya doğaüstü) sorumluluğunu derinden üstlenirler. İnsan, Goethe'nin neden kadının en çok kapalı alanlarda güçlü davrandığını gösterdiğini merak edebilir. Kadınları kısıtlı iç alanlarda tasvir ederek Goethe kadının o dönemki özgürlük kısıtlamasını vurgulamak içindir. Dolayısıyla sahnede sunulan kadının fiziksel olarak sınırlandırılması, bir kadının esaret altında yönetilebilir olduğunu ve erkeklerin kadınlara karşı içsel korkularını kontrol edebilecekleri fikrini görsel olarak verir. Ancak bu basit sınırlama stratejisi Goethe'nin dramında oldukça karmaşık bir durumdadır. Cadı ve Gretchen gibi kadınlar kısıtlanmış gibi görünseler de (dolayısıyla görünüşte erkek iradesine ve arzusuna tabidirler), çoğunlukla kendi şartları çerçevesinde hareket eder, böylece erkeksi otoriteyi yıkarlar (Starr 1989: 96).

Erkek otoritesinin bu yıkılışının ilk örneklerinden birini ünlü Witch's Kitchen sahnesinde görürüz. Cadı, şeytanla olan ilişkisi nedeniyle gücü normal insan gücünden üstün olan (cinsiyetin ne olduğu fark etmeksizin) bir kadın ve denetimsiz kadın özgünlüğünün bir sembolü olarak var olur. Sonuç olarak cadı figürü, kadının doğaüstü otoriteye sahip olması bakımından erkek otoritesine bir tehdit oluşturur. Bununla birlikte Faust ve Mephisto, cadının yokluğunda meskenine girer ve bunu yaparken hemen bu kadın alanının sorumluluğunu üzerlerine alırlar. Faust, güzel bir kadın fotoğrafı bulunan büyüleyici bir ayna görür. Aynanın içine gömülü gördüğü resimle büyülenen Faust, kadına sahip olmayı, onun sevgisini kazanmayı çok ister ve dünyada varlığının "olup olmadığını" merak eder. Cinsel bir arzuyla ona sahip olmak ister. Faust aynada duran kadın için yanıp tutuşurken Mephisto, cadının şeytanlarına emir vermekle meşguldür; kendisi ile alakalı her şeyi kontrol etmekten daima zevk alır (Starr 134).

Mephisto ve Meerkatzen oyun içinde oyun sahneledikleri zaman mutfaktaki işleri yönetiyormuş gibi görünür. Mephisto her ne kadar durumdan sorumlu görünse de Faust, bir cadının evinde olmaktan rahatsızdır ancak hizmetlerinden de yararlanmaktadır. Faust, yardım için böyle bir kadına başvurmanın gerekliliğini sorgularken Mephisto'ya neden kendi başına bir iksir hazırlamadığını sorar. Mephisto yanıt verir:

"Bilgi ve beceriler yeterli değildir. Bu tür işler sabır gerektirir. Sakin, dingin bir ruh uzun yıllar boyunca çaba sarf etmelidir. Yalnızca zaman ince mayalanma etkisini sağlayabilir. Ayrıca içerikler de çok özel!". Elbette şeytan ona bunu nasıl yapacağını öğretmiştir, ancak o yalnız başına bu işi yapamaz (2371-77).

Mephisto yaptığı yorumla her şeyden önce iksiri kendisinin yapabileceğini vurgular ancak cadı, iksirin gücünü kusursuz hale getiren sabır ve dinginliğe sahiptir. Bu sebeple Mephisto, kendininkini sözde desteklerken bu kadının eşsiz nitelikleri ile özel güçlerini kabul edip onaylar. Bu minvalde Mephisto, cadıyı sıradan insanların ve hatta şeytanın kendisinden bile öte bir güce sahip bir varlık olarak tanıtır (Brown 1992: 58).

Bu sahnede odak noktası, Mephisto ve sevdaya tutulmuş Faust'tan, yaygaralı bir giriş yapan cadıya kayar. Bacada neredeyse yaralanmış bir halde, kontrolü altındaki Meerkatzen hizmetkârını "(onların) sevgilisini incittiği" için azarlar (2467). Nidaya benzeyen dört sorusu, evine izinsiz girenleri görmesi karşısında yaşadığı şoku gösterir, şu şekilde haykırır;

"Burada neler oluyor?

Siz ikiniz neden buradasınız?

Burada ne arıyorsunuz?

Buraya nasıl geldiniz?" (2469-73).

"Burada" kelimesinin tekrar edilmesi, cadının alanını sahiplenmesini ve kontrolü altında olduğunu vurgular, yani burası onun iç alanı, diğer tabirle evidir. Dahası, canını kurtarmak için iki davetsiz misafire kazandan bir kepçeyle ateş sıçratarak saldırır. Mephisto'yu tanımama konusundaki hatasını anladığı an özür diler ve onlara nasıl yardım edebileceğini sorar. Mephisto, cadının Faust'a güç iksirini vermesini ister, cadı da şöyle cevap verir: "Zamanı gelmeden onu içtiği takdirde bir saat bile yaşamayacağını elbette biliyorsun" (2527-8). Cadının bu konudaki uyarısı, kendisinin ne kadar güçlü bir kadın olduğunu göstermesinden ötürü önemlidir. Cadı, Faust'a iksiri almaya hazırlanması için verdiği zamana bağlı olarak yardım etme veya öldürme yeteneğine sahiptir. Mephisto, Faust'un iyi bir arkadaş olduğunu ve bu nedenle "mutfağının sunduğu tüm olanakları" hak ettiğini iddia eder (2529).

Cadı, Faust'un kişiliğini etkisi altına almak ve kontrol etmek için mutfağının içini eliyle işaret ederek Mephisto'ya yanıt verir. Sahne için talimatlar şunlardır: "Cadı, fantastik hareketlerde bulunarak bir daire çizer ve içine tuhaf nesneler yerleştirir; aynı anda bardaklar tınlamaya ve kazanlar titreşmeye başlar... Ardından büyük bir kitap getirir ve maymunları bir daireye yerleştirir ve sonra Faust'a kendisine katılması için işaret eder" (65). Cadının aktifliği burada önemlidir çünkü bu ortamdaki olanları tek başına kontrol eder. Büyülerden konu açılmışken, dil vasıtasıyla cadı evindeki her şeyin üzerindeki değişime etki eder. Böylece, müziği sihirle çağırma ve kelime ile jestleriyle nesneleri sallama ve titretme gücüne sahiptir. Ayrıca cadının Faust'u kontrol etme yeteneği de vardır. Nasıl ki Faust aynadaki güzel kadını nesneleştiriyorsa onu kontrol etmek ve ona sahip olmak istiyorsa, cadı da şimdi Faust'u nesneleştirir. Faust, cadının çemberindedir (güzel kadının ayna çerçevesinde olması gibi) ve onun iradesine mahkûmdur. İşin aslı, hayatı cadının ona yardım etme isteğine ve büyüsünün etkililiğine bağlıdır. Cadının büyüsü, Faust cadının etrafında dururken ağzından döktüğü sözcüklerle gerçeğe dönüşür. Eski bir kitabı referans göstererek yüksek sesle okur;

"Nasıl olduğunu gör! Biri on yap, hatta üç yap, işte o zaman zengin olursun. Dördü bir kenara at! Şimdi cadıya kulak ver: Beşten ve altıdan yedi ve sekizi elde et ve hepsi tamam. O halde dokuz birdir ve on hiçtir. Bu da cadının bir kere biridir" (2540-52).

Faust, cadının büyüsünün içerdiği mantıksızlığı yakından incelemeyi hak eder. Faust evden ayrıldığında 26 yaşındadır. Bu, otuzdan bir fazla yirmi dokuz yıllık bir kayıp olacaktır. Cadı, yaratıcı matematiği ile Faust için zamanı geri alır. Matematiksel hesaplamalar güya şaşmaz mantığı ve yapıyı yansıtır, dolayısıyla bu da rasyonel erkek düzenini yansıtır. Ancak yine de cadı, Faust'u gençleştirmek için her öğrencinin ilköğretimde öğrendiği "kuralları" altüst ederek matematiğin yapısı ve mantığıyla oynar; kendi teranesinde mantığa ve doğaya meydan okur. Zamanın doğal etkilerini tersine çevirmek için matematiğin temelini çürütürken cadı, rasyonelliği ifade eden erkekliği (veya fallogomerkezciliği) sayısal kodları ve kronolojiyi altüst eder. Faust, elbette cadının büyüsünden hoşlanmaz ve "Bu söylediği zırvalık da neyin nesidir?" diye tepki verir (2573). Faust, cadının kullandığı dilin irrasyonel doğasına tahammül edemez. Yine de cadının zamanı, sayıları ve yaşı altüst etme işi başarılı olur. Cadı, çemberi kırdıktan (2587) ve Faust'u kontrolünden çıkardıktan sonra Faust gençliğine kavuşur, büyü işe yaramıştır. Mutfağında kurmuş olduğu kontrolle tutarlı olarak cadının bu sahnedeki son sözleri emirden başka bir şey değildir: "Al bu şarkıyı ara ara mırıldan; oluşan etkiye çok şey kattığını göreceksin" (2591-92). Cadının sahnede son sözleri olmasa da adamlara hangi kelimeleri kullanmaları gerektiğini söyleyerek kendi sahnesini sonlandırır. Böylece Faust ve Mephisto'nun konuştukları dili kendi iç mekânını terk ettikten sonra bir dereceye kadar kontrol eder (Levendahl 1970: 88).

Faust'un Gretchen'in odasını tanımlaması, tıpkı cadı gibi Gretchen'in de kendi iç mekânına hâkim olduğu gerçeğinin altını çizer. Ancak tehditkâr cadının aksine Faust, Gretchen'i zararsız bir mahkûm olarak görür. Odayı (kutsanmış) bir hapishane olarak adlandırır ve Gretchen'in bilinçli olarak hapsedilmiş, kapatılmış ve böylece kontrol altına alınmış bir kadın olduğunu düşünür (Pelikan 1995: 38).

Faust'un hapishaneye atıfta bulunması bize Gretchen'in bulunduğu son odayı (hapishane hücresi) anımsatır. Yine de burada, yatak odasında, yoksul olduğu halde varlıklarını temiz ve düzenli tutar; böyle feminist bir düzen de erkeksi arzuyu tedirgin ediyor gibi görünür. Mephisto, "Bütün genç kadınlar bu kadar temiz değildir" (2685) ifadesinde bulunur. Mephisto'nun, çoğu genç kadının düzenli olmadığını, çevresini kontrol etmediğini ve bu nedenle tehditkâr olmadığını ileri sürmesi gerekir. Bu feminist düzen Mephisto'nun canını sıkıyor gibi görünse de belki de bu istisnai düzen ona yabancı olduğu için Faust'un aklını çelmektedir. Faust, Gretchen'in "geleneksel ve sınırlı" dünyasına kapılır çünkü bir bilgin olarak yaşadığı deneyime yabancıdır. Burada, Gretchen görünürde hareket ve düşüncede bağlı ve kısıtlanmış ve potansiyel olarak kendisine hükmetmeyi seçen kişiye tabidir. Faust onu çok ister, bu yüzden odasının mobilyalarında ve mekânsal düzeninde hakikatini irdeler (Dieckmann 1972: 89, 90).

Faust, perdeli yatağına yaklaştığında Gretchen'in bedeninin mobilyalarla olan uyumunu görür. Goethe'nin sahne talimatlarında "Faust, yatak perdelerinden birini kaldırıyor" yazmaktadır. Faust bunu yaparken "Ne muhteşem bir coşku, beni büyülüyor!" der (2709). Gretchen'in odası ile mobilyaları Faust için cinsel çağrışım yapar; burada onun yatağı ile vücudu aynı anlama gelir. Tutku rapsodisinde Faust, her an odaya girdiğini düşünür ve şöyle der: "Beyler, derbeder olur/yalan söyler ve ayaklarının dibinde yalvarır" (2726-27). Faust, birkaç dakikalığına bu iç mekânın kontrolünü eline alsa da Gretchen'in bu odadaki hâkimiyetini şüphesiz kabul eder. Cadının mutfağında ve alanında, Gretchen'in yatak odasında ve yatağında olduğu için Faust, bir kadının istek ve arzusunun nesnesi olma potansiyelinin farkındadır (Hamlin 1994: 191).

Odasından çıkmadan önce Faust, Mephisto'nun mücevher sandığını Gretchen'in çekmecesine koymasını ve kilitlemesini sağlar. Bu da onun iç mekânının mobilyalarını ihlal ettiğini gösterir. Gerçekten de Gretchen tekrar odaya girdiğinde odasının ihlali için içgüdüsel olarak "Burası çok bunaltıcı ve can sıkıcı" (2753) diyerek cevap verir. İçeri girenlerin varlığı odanın havasında hissedilir, odayı boğar; bu yüzden kirli havayı dışarı atmak için bir pencere açar. Pencereyi açıp mücevher sandığını odasından çıkararak ve Martha'nın evinin iç kısmına girerek bu alanın kontrolünü eline aldığını ileri sürer. Martha kendisine şunu söyler;

"Fırsat buldukça gel ve onları özel olarak giydir, sonra aynanın önünde bir süre yürü, bu ikimize de büyük keyif verecektir" (2885-88).

Martha'nın daveti, kadın karakterlerin kendi özel iç mekânları üzerindeki kontrolünü vurgular. Gretchen'in mücevherlerden zevk almasını ve Gretchen'in annesinin kendi evini kontrol ettiğini (ve mücevherler için müsaade vermeyeceğini) bilmesini ister. Martha, bu tavizi genç arkadaşı için ortaya sürmüştür. Yine de Martha'nın aynaya yaptığı gönderme, izleyicilere cadının mutfağındaki aynada yer alan kadın imgesini hatırlatır. Bu nedenle Martha'nın önerisi, mücevherlerin amacının Gretchen'i Faust'un iradesine tabi kılmak olduğuna dair bir uyarı ve "Faust'un Gretchen ile ilişkisinin şefkatli, sadık ve gerçek aşk yerine korkunç bir kader getirdiği" gerçeğini hatırlatır (Hamlin 135).

Gretchen, elbette Faust'un cazibesine yenik düşer ve baştan çıkarıcılığı onu yalnızlığa sürükler, geri dönmesini hasretle bekler. Gretchen'in odasında geçen son sahne, ev işlerini gönülsüzce yaptığını gösterir. Kadın faziletinin ve zanaatın göstergesi olan çıkrığın üstüne oturur ve ağıt okur:

"Onun olmadığı her yer mezar gibi, bütün dünyam hüzne boğuldu... Penceremden dışarı yalnızca onu aramak için bakarım ve yalnızca onu aramak için evden çıkarım" (3378-82; 3390-94).

Gretchen'in bağımsızlığı ve öz kontrolü, yaşadığı son kapalı alanın içinde meyvesini verir. Hapishane hücresinin mahremiyetinde günahlarını sayar. Gretchen yalnızca toplumun önünde değil kendi kanaatince de suçludur. Faust'un ona ilk ziyaretinde Gretchen, ona toplumun kendisini nasıl suçladığını ve ona eziyet ettiğini anlatır (Geary 1981: 81).

Margaret'in dünyasında gayri meşru çocuk, çocuğunu öldürdüğü ve suçunun bedelini hayatıyla ödediği için utanç ve rezalet demektir ve kendi yıkımı olmuştur. Cinayet işlediğini bildiği halde toplumun, işlediği bu suçu kendisine mal etmesine dayanamaz. İşlediği suça itiraz etmez ancak insanların onun hakkında "Lieder" şarkısını oluşturmasına itiraz eder. Hikâyesini şarkılaştırmak, kendi eylemleri üzerindeki kontrolünü reddetmek demektir; eski bir masalın formülüne uydurmak üzere hikâyesini çarpıtan masalcının iradesine tabi hale geldiğini ileri sürer. Gretchen için, başka birinin hikâyesini gasp etmek çok zalimcedir çünkü onu sesinden ve olayın kişisellik özünden yoksun bırakır. Kişisel acısının kamuoyu önünde yanlış yorumlanması, işlediği suça uymayan bir cezadır (Cottrell 1994: 55).

Faust, Gretchen'i özellikle idam cezasından kurtarmak için hücresine girer ve girişiyle birlikte prangaları yere düşer. "Zincirlerimi kırdın/beni yeniden kollarına alıyorsun" diye haykırır (4503-04). Prangalarından kurtulmuş Gretchen, artık fiziksel olarak hapishaneden ayrılabilir ancak Faust, o ayrılırken etrafı kontrol etmeye çalışır; kolları, onu bağlamak ve kontrol etmek isteyen yeni prangalar haline gelir. Gretchen'e acele edip kendisiyle kaçmasını ve yaşadıklarının artık geride kaldığını söyler. Faust'un geçmişi silme konusundaki aşırı istekliliğinin arkasında özellikle sinsi bir durum yatar, bunu yaparak kendi eylemlerinin sorumluluğunu kabul etmeyi reddeder (Weinreich 1994: 131).

Ancak Gretchen, yaptıklarının sorumluluğunu üstlenir ve hapishane hücresinin alanıyla ilgili anlaşması bunun altını çizer. Faust, kendisine özgürlüğe kavuşmak için hücreyi terk edebileceğini söyler. Gretchen de "Ben gidemem.../beni gözlem altında tutarlarken neden kaçayım? ...hem de vicdan azabıyla!" diye yanıtlar (4543- 57). Gretchen'in gücü ve masumiyeti, işlediği suçun sonuçlarını kabul ettiğinde, hücre kapısının eşiğini geçmeyi reddettiği anda keskinleşir. Yine de Faust, yumuşamayacaktır; Gretchen'i eşikten çıkarıp gecenin karanlığına doğru götürmeye çalışarak durumu kontrol etmeye çalışır. "Bir adım, yalnızca bir! Sonrasında özgürsün!/... Seni iraden dışında götüreceğim" der (4564, 4576). Tam bu noktada Gretchen, Faust'un iradesine tamamen karşı çıkar. "Bırak beni! Beni zorla götüremezsin./Çek pis ellerini üzerimden! Bunu hep biliyordun. Senin istediklerini yaptım" diye haykırır (4576-78). "Faust ile birlikte hapishaneden ayrılmayı reddedip eylemlerinin sorumluluğunu üzerine aldığı ve bunu yaparken de kendini kurtardığı" an Gretchen'in en güçlü haline tanık oluruz (Atkins 1984: 143).

Gretchen'in kaderini kabul ettiği göz önüne alındığında Mephisto, hücresinin girişinde göründüğünde öfkesi hızla büyür. "Onu çıkarın buradan! Bu kutsal onun ne işi var?" diye haykırır (4602-03). Gretchen'in burayı "kutsal" bir yer olarak adlandırması odaya yeni bir anlam ve yeni bir değer katar; bunu yaparak mekânı kutsallaştırır. Böylece kendisini kurtarması için Tanrı'ya seslendiğinde Tanrı'nın sevgisiyle dolmak ister: "Melekler ve azizler/yanımda olun ve beni güvende tutun!" (4608-09), o anda, Tanrı'nın sevgisi ile bağışlayıcılığının kendisi için özel ve kutsal alanında (Faust ve Mephisto'nun nüfuz edemediği ruhsal bir alan) Gretchen kurtuluşa erer (Blackwell 1989: 79).

Popüler oyunla Goethe'nin Faust'u arasındaki en temel tezatlık, popüler oyunda aşk ve zevkin kahramanı yıkıma götürmesi, diğerinde ise aşk ve amellerinin kurtuluşu olmasıdır. Kompozisyonun tüm temel unsurları popüler drama ile sağlanır. Burada Goethe'nin oluşturduğu temel fark, Helen'nın bulunduğu perdenin daha çok sıkıştırılması gerektiği için Faust'u, Helen'in imparatorluk sarayında görülmesiyle bir anda yanıp tutuşmuş şekilde sunması ve yine Helen'i, Şeytanın sunduğu bir cazibe olarak göstermek yerine Faust'un kontrol edemediği arzusuyla şeytani yoldaşından talep ettiği nesnelerden biri olarak temsil etmesidir. Mephisto, esasen dördüncü perdede doktora bir taç sunduğunda bir ayartıcı olarak ortaya çıkar. Popüler dramada Faust bunu reddederken Goethe ile kabul eder ancak bu durum ince bir ahlaki önemle ilgilidir. Faust, yalnızca taca sahip olmak için değil aynı zamanda kendisine bir faaliyet alanı oluşturmak için ve sonunda krallığı kurtuluş olacağı için tacı kabul eder (Bates 1906: 181).

Faust her hususta Goethe'ye benzemek niyetinde değildir ancak insanın mücadele etmesi gerektiği yönündeki tüm büyük sorularda, kurtuluşun zorlu hizmette olduğuna dair inancındaki görüşlerini ve Faust'un ölürken söylediği vecizede ("Tıpkı yaşam gibi, her gün özgürlüğü kazanmak zorunda olan insanlar, özgürlüğü hak eder") bilgeliğin nihai sonucu olarak Goethe'nin görüşlerini temsil eder. Goethe, ortak fayda için estetik ve edebi çıkarlara kıyasla etkinliğe daha çok değer verir. Ne şair, ne aktör, ne de spekülatif âlim, kendi dünyalarında böyle muazzam bir ferasete ve iş bitirici olarak böyle bir fikir barışına erişemez gibi görünür. Böylece Goethe, gerçek hayatta yapmayı ihmal ettiği şeyleri şiirde tavsiye etmiştir (182).

ÜÇÜNCÜ BÖLÜM
'1992' YAPIMI FRANCIS FORD CAPPOLA FİLMİ BRAM STOKER "DRAKULA"

3.1. Drakula ve Şeytan

Drakula hikâyesinin hem edebi eser hem de film olarak pek çok versiyonu bulunmaktadır. Bu kitapta, ilk vampir hikâyesi olarak yazılan ve diğer vampir film, edebiyat eserlerine konu olan ve vampirler için koyduğu kurallara hala uyulan Bram Stoker'ın *Drakula* eserinin birebir aynısını uyarlayan ünlü yönetmen Cappola'nın 1992 yapımı filmi olan *Drakula* eseri seçilmiştir. Bram Stoker'ın 1897 yılında çıkarmış olduğu gotik korku romanı, dönemin en popüler konusu olarak dünyevi olmayan varlıklar üzerine yazılmıştır. O dönemde pek çok Şeytan'a ruhunu satan doğaüstü varlıklar üzerine yazılmış roman olmasına rağmen, Stoker'ın romanı ön plana çıkmış ve günümüze kadar popülerliğini korumuştur. Bunun en önemli sebeplerinden biri Stoker'ın hikâyesinde Şeytan'a ruhunu satan karakter olarak Kazıklı Voyvoda lakaplı III. Vlad Drakula'ın alınmasıdır. Çünkü Vlad Drakula gerçek bir komutandır ve savaş meydanlarındaki düşmanlarına uyguladığı zalimliği onun acımasız bir katil olarak anılmasını sağlamıştır. Stoker gerçek bir karakterle doğaüstü bir karakteri birleştirerek hikâyesinin daha gerçekçi olmasını sağlamış bu sebeple de ruhunu Şeytan'a satan acımasız bir komutanın ölümsüz bir vampire dönüşmesi ve ilk vampir olarak anılması çok ilgi çekici bir kurgu yaratmıştır. Bunun yanında Stoker, yarattığı vampirlere belirli özellikler eklemiş ve bu kodlarla dünyada yaşam ve ölüm formunu belirlemiştir. Ruhunu Şeytan'a satan vampirlerin aynada akisleri görülmez, yemek yemezler, insan kanı ile beslenirler. Her aldıkları can kendilerine can olarak eklenir, böylelikle kara büyülerde kullanılan cana karşılık can özelliği Stoker'ın vampirlerinde de devamlılığını sürdürür. Sarımsaktan, kutsal sudan, kiliseden, haçtan ve dualardan uzaklaşırlar. Güneşe çıkamazlar. Karanlıkta yürüyenler olarak da bilindiklerinden, Shakespeare'in de *Hamlet*'te Hamlet'in babası için Araf'ta kalmış ya da lanetlenmiş ruhlar için tasvir ettiği gibi lanetli ruhlar sadece gecelere hâkimdirler. Çünkü karanlık ve gece, Şeytanı, kötülükleri sembolize ederken gündüz, güneş beyazlık masumiyeti temsil eder. İblis karşısında Tanrı'nın evi ve Tanrı'nın buyrukları olacağı düşünüldüğünden dini tüm aktivite ve öğelerden kaçar ve sakınırlar. Ölümsüzlükleri sadece bir kazığın kalplerine saplanması ve kafalarının vücutlarından ayrılması ile biter. Bu şekilde toza dönerler ve ruhları ebediyen yanmak üzere Cehenneme gider. Fakat çok güçlü olduklarından kolay kolay öldürülmezler. Ayrıca insanları (avlarını) hipnotize etme özellikleri de olduğundan, tüm insanları etkileri altına alabilirler, onlara istediklerini yaptırabilirler. İnsanların karşı koyamayacakları kadar güçlü bir çekim gücüne sahiptirler. Sadece ilk vampir Drakula havayı ve vahşi hayvanları kontrol edebilir.

Film Vlad Drakula'ın ruhunu nasıl Şeytan'a sattığının hikâyesi ile başlar. Türklerle yapılan savaşta haçlı seferlerinde Transilvanya'dan gelen güçlü bir komutan olarak yer alan Vlad Drakula acımasız bir komutandır. Karısı Elizabetta'ya çok âşıktır ve çok dindar bir kişiliktir. Verdiği savaşa kendini aşırı derecede adamasının sebebi Tanrı'ya olan sonsuz sevgi ve inancından ve sorgusuz sualsiz sadakatinden kaynaklanmaktadır. Bir savaş sonrası Türkler, Vlad Drakula savaşı kazanmış olmasına rağmen, Vlad Drakula'ın ölmüş olduğu haberini karısına ulaştırır. Kocasının ölümüyle hayatına devam ettiremeyeceğini düşünen Elizabetta intihar ederek yaşamına son verir. Vlad Drakula sarayına döndüğünde karısının cansız bedenini kilisede bulur ve tüm dinlerde yasak olan intihar etmenin bedelinin Tanrı'nın lanetlenmiş bir ruhu olmasından dolayı kilise karısına cenaze töreni yapmasına hatta karısını gömmesine dahi izin vermez. Bu durumla deliye dönen Vlad Drakula kilisede Tanrı'ya isyan eder. Hayatını onun uğruna savaşmaya harcadığını haykıran Vlad Drakula, karısına bu lanetlenmiş sonu reva gören Tanrı'yı inkâr eder ve Şeytan'ı çağırır. Aşkının Cehenneme gideceğini anladığı için de bu kararı almış olduğu söylenebilir. Bu davranışı Milton'ın *Yitirilen Cennet*'indeki Adam'ın Eve'in yasak elmayı yediğini gördüğünde verdiği tepkinin aynısıdır. Cennet'te yalnız kalacağına aşkının peşinden gitmeyi tercih eden Adam'ın farklı bir versiyonu olan Vlad Drakula, film kurgusu olarak kilisede İsa Peygamberin büstünden akan kanı, onun kanı olarak içer ve aynı esnada "Kan hayat demektir ve ben ona sahip olacağım" cümlesini sarf eder. Şeytan'la anlaşmasını böylelikle mühürlemiş olur.

Sonrasında sahne dört asır sonrası Londra'sını gösterir. Bu sefer Elizabetta'nın asırlar sonraki benzeri olan Mina'yı görürüz. Mina ve arkadaşı Lucy birbirlerinin zıttı iki Viktorya dönemi İngiltere'si kadınını sembolize ederler. Mina ne kadar dindar, masum, gözü kapalı ve toplumun ve dinin kurallarına uyan bir kadınsa, Lucy o kadar kural tanımaz, cinselliğe düşkün, üç erkeği parmağında oynatan bir karakterdir. Filmin bir diğer konusu da kadınların tavırlarının kendilerini hangi durumlara sokabileceği üzerinden onlara uyarı vermektir. Çünkü Lucy, Viktorya İngiltere'sine göre fazlasıyla cüretkâr ve erkek tavırları sergileyen yapıya sahip bir kadın olarak Drakula'nın

Londra'daki ilk hedefi olur. Bu da aslında subliminal bir mesajdır. Diğer taraftan Tanrı'ya inancı olan ve toplumun ve dinin kurallarını esnetmeden yaşayan Mina sonunda kurtuluşa erecektir. Fakat Lucy, Drakula tarafından ısırıldıktan sonra Drakula'nın ara ara kullandığı bir maşa, bir kan deposu olup en sonunda yine Drakula tarafından vampirellaya dönüştürülecektir. Vampirellaya dönüştüğünü gören üç sevgilisi onun kurtuluşu olup olmadığına bakmaksızın onun hakkında karar verecek ve onu öldüreceklerdir. Fakat Mina'yı kurtarmak için tüm erkekler seferber olacaktır. Bu ayrım sadece iki kadın arasındaki ayrım değildir. Viktorya döneminde yaşayan kadınlara nasıl davranmaları gerektiği konusunda bir uyarıdır. Erkek kontrol mekanizması erdemli yaşamı yine kadın üzerinden düzenlemiştir.

Mina sanki bir reankarnasyonun vücut bulmuş hali gibi Elizabetta'ya benzemektedir. Bu durum sanki Tanrı tarafından Drakula'nın cezalandırılması, acı çekmesini sağlamak üzere düzenlenmiş bir kurgudur. Drakula Şeytan'ın yeryüzündeki yansımasıdır. Mina onunla birlikte olmak istese de onu vampirella yapmak istemez, o Cehennem'de ölümsüz kalıp bir canavar olacağına onunla kavuşamamayı tercih eder. Drakula tam bir vahşi yaratık, bir ölüm makinesi olsa da Mina onun eski hayatından kalma aşkının alevini, masum günlerini hatırlattığı için bir tek ona zaafı vardır ve bir tek ona hissiyat duymaktadır. Mina'nın nişanlısı Jonathan Harker'ı Transilvanya'daki şatosuna emlak işlerinin hukuki işlemlerini halletmesi için çağırır ve orada onu tutsak eder. Tutsaklıktan ve Drakula'nın üç vampirellasından kurtulan Harker durumu arkadaşlarına anlatır ve ünlü bir bilim adamı olan Van Helsing, hem geleneksel yöntemleri kullanarak hem de bilimsel müdahalelerle Drakula'yı yener ve tüm erkekler Mina'yı kurtarırlar. Konu itibarıyla Tanrı'nın yolundan ayrılmayan, toplumun kurallarına uyan bir kadının kurtuluşu üzerinden giden film, Şeytan'dan kurtulmanın yollarını anlatır. Cappola'nın muhteşem çekimleri, sinematografik gotik hava ve sahne geçişleri ile dönemin ödül alan ve geçmişten günümüze en iyi Drakula filmi olarak tarihe kazınmıştır.

Filmde işlenen insanların sahip olduğu en önemli şeytani özellik olarak da mağrurluk alınabilir. Üstünlük kompleksinden ayrımcılığa doğru uzanan, Orta Çağ'dan günümüze kadar devam eden Avrupa'da belirgin bir şekilde görülen ırkçılık, cinsiyet ayrımı gibi önemli olgular da filmin görünür temalarındandır. Van Helsing'in bu ayrımcılığı fark ederek, bu canavarı yenmek için Batının teknolojisi yeterli gelmeyecektir. Diğer kültürlerle birlikte hareket etmek, onların çözümlerden de faydalanmak gerek diyerek, Batının kendinden başkalarını da görmeye başlaması gerektiğini vurgular. Canavar diyerek sadece Drakula'dan bahsetmez. İnsanların içlerindeki mağrurluklardan, ötekileştirdikleri diğer topluluklardan, insanlardan, kendi içlerinde barındırdıkları kötülüklerden de arınmaları gerektiklerini ima eder. Yeni Londra ile Viktorya Dönemi İngiltere'sinin kapalı yapısından kurtulması gerektiğini ve dışa açılarak tüm topluluklara ve başka toplumların teknolojilerine gözlerini açmaları gerektiğini de belirtir. Bu ayrım o dönem için modernitenin kapılarını aralar, bu dönem içinde ayrımcılıkların bitmesi gerektiğini ve gelenekselden sorgulayıcı topluma geçişi de temsil eder. Fakat kadın üzerinden yürütülen ayrım için verilmiş bir mesaj bulunmamaktadır. Kadın hala toplumun istediği gibi davranmaz ise Drakula tarafından ısırılan, vampir yapılan, öldürülen bir türdür. İnsanların içlerindeki Şeytandan kurtulması gerektiği mesajını veren bu film, Drakula'nın o çirkin mide bulandırıcı ve irite eden suratıyla, içlerinde bulunan Şeytan'ın vücut bulmuş halini yansıtır. Dünyadaki iyi ve kötünün denge halini Şeytanın ölümüne bağlayan ve Hıristiyanlık propogandası da içeren bu filmin bir diğer mesajı da eğer Tanrı'ya inanır ve iyi bir Hıristiyan olursanız Şeytan sizi yolunuzdan döndüremez ve yenen yine siz olursunuzdur. Mina ve Harker, tıpkı Goethe'nin Faust'u gibi sendelerler fakat inançları tam olduğundan Şeytan'dan kurtulurlar. Coleredge'in Yaşlı Gemici'si de kötülüklerle imtihanını dine ve Tanrı'ya sığınarak verir, lanetlenme ve ölümden kurtularak Tanrı'nın hizmetine geçer.

"Şu an sanki toprak dolu bir mezarın ağırlığının üzerimde olmasından daha bile çok ölümün içindeyim" (Drakula, 1992).

"Kan yaşamdır ve o yaşam benim olacaktır".

"Kötülük insanın kalbinden sökülüp atılsa da, kökü her zaman derinlerde kalır- kökünden sökülüp atılamayacak kadar sıkıca yerleşmiştir".

"Ne kadar tuhaf olursa olsun, insanların inançlarını küçük görmemeyi öğrendim. Açık fikirli olmaya çalışıyorum; açık fikirliliği yok eden, yaşamın sıradan unsurları değil, tuhaf şeyler, olağandışı şeyler, insanı deli ya da akıllı olduğu konusunda kuşkulandıran şeylerdir".

"... çünkü ruhumuz özgür olmamaya katlanamazdı".

"Ne kadar tuhaf olursa olsun, kimsenin inançlarına gülmemeyi öğrendim".

"Hiç kimse gecenin acısını çekmeden sabahın yüreğine ve gözüne nasıl da tatlı ve değerli geleceğini bilmez".

"İnsanoğlunun kibrinin pis süsü. Yok olup gitsin!".

'...galiba ilk elmanın tadı hala damağımızda..'

"Unutma, dostum, bilgi hafızadan daha güçlüdür ve biz daha zayıf olana güvenmemeliyiz".

"Kulağına, siyah bir adam tarafından olsa bile, onca tehlikeli sözlerin akıtıldığı zavallı Desdemona'yı anlıyorum. Bence biz kadınlar öyle korkağız ki, bir erkeğin bizi korkularımızdan kurtaracağını sanarak onunla evleniyoruz..". "Kuşkularım var;

korkuyorum; kendi ruhuma bile açmaya yüreğimin yetmediği tuhaf şeyler düşünüyorum".

"Gerçek Tanrı bir serçenin düşüşüyle bile ilgilenir; ama insan kibrinin yarattığı Tanrı, bir kartal ile bir serçe arasında hiçbir fark göremez".

'Biz Transilvanyalı asiller kemiklerimizin sıradan ölülerle aynı yerde yatmasından hoşlanmayız.'

"Her şeyin şu anki şeklinde olmasının bir nedeni var ve eğer benim gözlerimle görüp bildiklerimi bilseydiniz belki daha iyi anlardınız".

"Onun gözünde değersiz bir günahkâr olduğumu anladığım gün girdim bu şeytani kepazeliğin yuvasına. Tüm kapıları üstüme kapadı şehvetli dudaklar. Tanrı bile unuttu beni, Zevkten Çürümüş ve yüzyılların tozuyla ağırlaşmış bir mezarda..".

"Onun o temiz görünüşü, göz alıcı güzelliği ve zarif baştan çıkarıcılığı da artık bir lanet gibi yüzlerce yıl hafızamda ve bu soysuz mezarda benimle birlikte yaşayacak..".

"Artık Drakula yok. Dünya artık daha lekesiz değil, yeryüzünde muhteşem bir lanet var. Ondan geriye büyük acılar ve eşsiz Zevkler miras kaldı bize. O ise ebedi cehennemdeki hayranlarını selamlamaya gitti. Artık karanlıktan korkmuyoruz..!". (Drakula, 1992).

DÖRDÜNCÜ BÖLÜM
TAYLOR HACKFORD'UN 1997 YAPIMI ŞEYTANIN AVUKATI FİLMİ

4.1. Kanun ve Şeytan

Çağdaş Amerikan toplumunun hukuk mesleğine atfettiği küçümseme, avukat karşıtı şakaların modası ile örneklenmiştir. Ancak aşk-nefret ilişkisi, genellikle avukatların bakış açısını doğru düşünce ve çoğu zaman vicdana dayalı olarak benimsemiş hukuk filmlerine yansıtılamamıştır. Bu, *Bülbülü Öldürmek* gibi daha eski filmlerde klasik olarak temsil edilir, ancak aynı zamanda *Şüpheli* ve *Babam İçin* gibi daha yeni örneklerde de kanıtlanmıştır. Bu pembe renkli betimlemelere olan tutkuya rağmen, avukatların alaycı önyargıların ötesine geçmediğini, hatta yukarıda bahsedilen "şakalardan" birini de bünyesine katmayı başardığını gösteren *Philadelphia* gibi bazı filmlerde daha "gerçekçi" bir tasvir ortaya çıkmıştır. *Philadelphia*'nın "gerçekçiliği" içinde bile Denzel Washington'un karakterinin filmde homofobi ile yüzleşmesi ve bunun için daha iyi bir insan olmasına dair bir dönüşüme şahit oluyoruz. Belki de bu dönüşümün en uç örneği, bir avukatın bencillikten merhamete veya daha doğrusu "kötülük" ile dolu olmaktan "iyiliği" kucaklamaya geçmesi için kafasında bir kurşun yarası olmasını gerektiren *Regarding Henry* filmi olmuştur (Greenfield & Osborn 1998: 99,100).

Vicdanıyla hareket eden avukatın bu karışımı açgözlü güç figürü ile birleştiğinde, 1997'de Taylor Hackford tarafından yayınlanan *Şeytanın Avukatı* filminde tam olarak harmanlanmıştır.

Film, Dante'nin *Inferno*'sundan Milton'ın *Yitirilen Cennet*'ine (Al Pacino, John Milton rolünde) bir dizi kaynaktan yararlanmakla birlikte Wall Street, The Bonfire of the Vanities ve en geniş anlamıyla The Witches of Eastwick'te daha çok yankı getirir. Film, özellikle avukatın hukuk sistemi içerisinde karşılaştığı ahlaki ikilemler, etiğin hukuk panteonu içerisindeki yeri ile kanun, hukukçular ve toplum arasındaki ilişkinin daha geniş boyutuyla ilgili bir dizi ilginç meseleyi gündeme getirir. İlginçtir ki "Şeytanın Avukatı", kanunu ve kanun düzenleyiciyi bir nevi idolleştirilmiş olarak gören bir film yapımına girer. Örneğin John Ford'un Genç Lincoln'ı, Abraham Lincoln efsanesinden etkili bir biçimde bağlantı kurarak içindeki karakteri daha da yüceltmiş, hatta Henry Fonda bile bunu Tanrı'yı oynamakla eşdeğer olacağını düşündüğü için başlangıçta böyle bir rolü oynamaya tereddüt etmiştir. *Şeytanın Avukatı*, bu temayı tersine çevirir ve hukuku "karanlık tarafın" bir temsili ve iyiden ziyade kötülüğün aracı olarak gösterir (101).

Avukatın şeytan olarak temsili tümüyle yeni bir şey değildir, belki de en son Montrealli İsa, avukatın yarı İsa figürüne Faustçu paktı teklif eden bir küçük rolünü göstermiştir. *Şeytanın Avukatı*, Kevin Lomax'ın (Keanu Reeves) Florida'da bir mahkeme salonunda suçlu olduğunu anladığı bir müvekkilini savunmasıyla başlar. Küçük bir güven krizi yaşadıktan sonra sonucu ne olursa olsun savunmasını sürdürmeye karar vermeden önce tuvalete çekilir, ne de olsa tüm mahkemelerini kazanması ve kibri "doğru" olabilecek şeyden daha önemlidir. Doğal olarak davayı kazanır ve kısa süre sonra, durdurulamayan John Milton (Al Pacino) tarafından yürütülen büyük bir New York firmasının kıskacına girer ve karısıyla Manhattan'a taşınır. Lomax'ın yaptığı işte iyi olduğu aşikârdır ancak doğal olmayan bir şekilde doğru kararları verme yeteneğine sahiptir. Lomax'ın kariyeri parlar ve karısıyla olan ilişkisi dağılmaya başlarken sağlam zemine inşa edilmiş bir takım davayı kazanır. Milton, hızla (Milton yüzünden) bir akıl hastasına dönüşen karısına yardım etmek için ele aldığı önemli davayı bırakma şansı sunar ancak kazanan yine Lomax'ın kibri olur. Karısı, Milton'ın kendisine tecavüz ettiğini iddia ettikten sonra bir psikiyatri biriminde intihar eder ve Milton'ın aslında Lomax'ın babası olduğu ortaya çıkar. Film, Lomax'ın çatı katındaki sığınağında babasıyla yüzleşmeye gitmesiyle finale ulaşır. Babası, Deccal'i yaratmayı kabul etmesi karşılığında Lomax'a istediği her şeyi teklif etmesi üzerine Lomax pazarlık etmeye başlar, kurnaz avukatları görünüşte fazla mesai yapmaya meyilli görünür. Milton, şeytani "cephesi" için neden hukukun seçildiği sorusuna cevaben, hukukun "yeni ruhbanlık" ve "son sahne arkası geçişi" olduğunu ve kötülüğün vücut bulmuş hali olduğunu belirtir. Pazarlık pozisyonunun güçlü olduğunu gören şeytani Milton, Lomax'a ihtiyacı olan her şeyi sunabilirken Lomax, Faust anlaşmasını reddeder ve intihar etmeyi seçer. Böylece tek çekim filmde tek atışlık çalıntı tabancayla kurtuluş yolunu seçer ve şeytanın "benimle gel" teklifini reddeder (102).

Bir kısım sürükleyici eğlencenin yanı sıra belki de yeni bir eğilimin ortaya çıktığını gösteren hem avukatların hem de yasal sürecin tasviriyle ilgili bazı önemli hususlar vardır. Hukuk filmleri iyiliği ve kötülüğü, erkeği ve kadını, siyahı ve beyazı ya da adalete karşı yasal prosedür gibi bir dizi ikili temaları karşılaştırır. Bu ikili temalar, ortak hukuk sisteminin düşmanca kavramının ve çözüme kavuşturulması gereken zıtlıkların yan yana gelmesinin yansımasıdır. Bir avukatın "doğru" veya "adil" olarak algıladığı şeyi elde etmek için ne yapmaya hazır olabileceğine bakarak avukatın adaleti sağlamak için yasanın ötesine geçmeye hazır olduğu bu bölünmeyi gösteren bir dizi film vardır. Örneğin *Cape Fear*'da savunma avukatı, müvekkilinin daha az ceza alması için tanığın önceki cinsel geçmişine dair ayrıntıları ifşa etmeme kararı alır. Avukat, bununla daha adil bir sonuç elde edileceğini düşündüğü için delilleri gizleme kararı alır. *Cape Fear*, böyle bir soruna nasıl yaklaştığımıza dair kati belirsizliklerin olduğunu gösterir ve önemli görev ve etik sorularını gündeme getirir. Bu durumlar, müvekkil Robert de Niro'nun kendi kendine hukuku öğrenmesi ve eski avukatı Nick Nolte üzerinde bir teknede "deneme yapmasını" konu alan yeniden çevrimde daha da belirgin şekilde gösterilir (103).

Şeytanın Avukatı filmi, doğaüstü güçlerden etkilendiklerinde avukatların bu dizginlenemeyen "güç" kavramını ele alır ancak daha da önemlisi, avukatların günlük davranışlarına ilişkin eleştirel bir bakış açısını kabul eder. Manipülatif, etik uygulamalara aldırış etmeyen, güce aç ve en önemlisi kibirli tasviri baştan sona kadar hoş değildir. Yoksulların ve ezilenlerin şampiyonunun saf temsili gideli çok olmuş, avukatlar artık vadesi geçmiş bir eleştirel inceleme için kolay hedef olmuştur. Böylece alan, yıkıcı bencil bir etki olarak avukatların belli belirsiz bir şekilde sinemasal kabulüne dönüşür. Ne de olsa şeytan, yasal hegemonyada temel gerçeği yaratmak için uygulamanın kontrolünü iki çocuğuna devretmek isteyen elebaşı ortaktır. Baştan sona kadar tema, yasa ve avukatların düzensizlik güçleri olduğu yönündedir, bu nedenle hukuk alanında şeytani kazanç, kibir ve açgözlülük ahlaksızlıklarıyla doludur. Can alıcı nokta budur; önceki tasvirlerin büyük çoğunluğunda doğru ve iyi olan için savaşan avukatlarla, ezici olasılıklar karşısında temize çıkan bir adalet vardır. Burada arka plandaki koşullara hâkim olan kötülük ehliyeti ile durum tersine dönmüştür. Her ne kadar yine vicdan sahibi bir avukat ön plana çıksa ve günü kurtarsa da artık hukuk pozitif bir güç değildir (104). Hukuk sisteminde yargıcın, hâkimin, avukatın karar veren merci olması onlara Tanrı lütuflarından birinin verilmesi gibi algılanabilir. Tıpkı bir seri katilin Tanrı özelliklerinden yaşama izin verme ya da öldürme hakkına sahip olması onun yaşatma gücüne hâkim olduğunu hissetmesini yani kendini yarı Tanrı gibi hissetmesini sağlaması gibi, avukatların da kimin ceza alıp kimin almayacağına karar verme mekanizmasına sahip olması onlarda yarı Tanrı hissini uyandırır. Güç sarhoşluğu Şeytan'ın Tanrı'nın ona bahşettiği gücü sorguladığı gibi bir sorgulamaya girmelerini sağlar. Bu filmde de yaşadığı olaylardan asla ders almayan bir avukatın onca badireden sonra yine Şeytan'a kandığını ve iflah olmayan bir Adam olarak aynı döngüde yüzyıllarca devam ettiği görülür. En sonunda Milton "Kibir en sevdiğim günahtır" diyerek insanoğlunu yine yeni yeniden kandırdığının zaferini yaşar. Dünyada iyilik ve kötülüğün dengesini sağlayan Şeytan, yine dünyanın hâkimi olduğunu bu filmde de kanıtlar.

BEŞİNCİ BÖLÜM
MATRİX ÜÇLEMESİ

5.1. Matrix Üçlemesi

Wachowski Kardeşlerin yönettiği 1999 yılında vizyona giren Matrix üçlemesinin birincisi seçilmiş kişinin bulunduğunun telefondan hattından duyulduğu sahne ile başlar. Daha ilk başlangıçta seçilmiş kişiye yani İsa Mesih'e referans veren film içerisinde pek çok gönderme bulundurur. Söylenen her bir söz, çekilen her bir sahne içinde bir subliminal mesaj ya da gönderme içerir. Filmin en başında dini kaynakların sıklıkla kullanılacağı, Matrix dışındaki gerçek dünyada yaşayan insanların seçilmiş kişiyi araması ile bellidir. Distopik bir gelecek örneği olan Matrix, Descartes'in "Ya yaşadığımız hayat bir rüyadan ibaretse?" sorusuna yanıt ararken bir yandan da Baudrillard'ın bahsettiği simülasyon dünyasına referans verir. Hatta Neo hacker olarak kaçak bir yazılımı kapıda onu bekleyen kişilere teslim ederken Baudrillard'ın *Simulakrlar Simülasyon* adlı kitabının içinden çıkardığı CD'yi teslim eder.

Başkarakter Neo karakteri yaşadığı dünyanın içine sıkışıp kalmış, hayatında birşeylerin yanlış olduğunu bilip ne olduğunu açıklayamadığı bir pozisyonda istemediği bir işte isteksiz bir şekilde çalışmaktadır. Gerçek adı Mr. Anderson olup kod adı Neo'dur. Çalıştığı şirketin dışında hackerlık yapmaktadır. Onu ilk bilgisayar başında uyuklarken görürüz. Bilgisayar ekranına "Uyan Neo, Matrix seni hapsetmiş" yazısını gören Neo afallar ve bir anda gerçek dünya ile hayal dünyasındaki farkı ayırt edemez. "Beyaz tavşanı takip et" yazısını da okuduktan sonra gördüklerinin bir rüya olduğunu düşünür ve çalan kapıyı açar. *Alice Harikalar Diyarında* örneklerinin de çok verildiği filmde, Neo, Alice olarak hayal dünyasındaki gerçekleri keşfetmek ve tabii ki bir hacker olarak merakını gidermek üzere, beyaz tavşanı görünce çağırılan davete icabet eder. Eski bir binanın içinde Morpheus'la tanışan Neo'ya gerçek dünyanın bu olmadığını, hayatının bir yalandan ibaret olduğunu, aslında hiç doğmadığını söyler ve ona kırmızı ve mavi hap gösterir. Tıpkı *Alice Harikalar Diyarı*'ndaki gibi bir seçim yapması gerekmektedir. Alice'te de yediğinde kendini büyüten ya da küçülten yiyecekler, geçmesi gereken farklı boyutlarda kapılar vardır. Morpheus hatta Neo'ya, "Mavi hapı alırsan sana tavşan deliğinin ne kadar derin olduğunu gösteririm" diyerek onu gerçek dünyayı seçmeye ikna etmek ister. Hem de Alice referansı vererek harikalar dünyasının kapısını da aralayacağını kastetmiş olur. Mavi rengi her zaman güveni sembolize ederken, kırmızı günaha çağıran, ayartıcı, Şeytan'ın rengidir. Milton'un *Yitirilen Cennet*'indeki tasvir ettiği, günümüzde gözümüzün öñğne gelen Şeytan figürü de kırmızıdır. Neo da hiç düşünmeden kırmızı hapı alır ve yine *Yitirilen Cennet*'teki Adam kadar meraklı olduğunu gösterir. Bir yandan da Şeytan'a kanmış olabileceğinin de olasılığı bulunmaktadır çünkü kırmızı hapı seçerek belki de yasak meyveden tatmış olmaktadır. Matrix'in bir simulasyon evreni olduğunu öğrendiğinde ise inanmak istemez ve kendisine verilen misyonu inkâr eder. Çünkü ilk defa gerçek dünyayla karşılaşıp aslında yeni doğduğunu anlamaz, ayrıca seçilmiş kişi olarak hem gerçek dünyayı kurtarıp hem de Matrix'teki uyuyan insanları uyandırması gerekmektedir. Kendinin yapay rahim tarlalarından yeniden doğduğunun gösterilmesi de hem İsa Mesih'in yeniden dirilmesine, hem de hayal dünyasının gözlerini, ellerini, beynini nasıl bloke ettiğine referans eder.

Plato, *Devlet* kitabında gerçek dünyanın bir yanılsama olduğunu iddia eder. Plato insanların doğduklarından beri tutsak oldukları bir mağara hayal eder. Bu insanlar yalnızca karşılarını görebilirler, yana ya da arkaya bakmaları yasaktır. Karşılarındaki duvarda da insanlar, hayvanlar ya da ağaçların titreyen gölgelerini görebilirler ama hayatlarında sadece o gölgeyi gördükleri için gölgeleri gerçek ağaç, insan ve hayvan zannederler. Bir gün mağaradaki mahkûmlardan biri kaçar ve gerçek dünya ile karşılaşınca, aslında gerçek dünya olarak gördüğü şeyin sadece gerçek hayatın gölgeleri olduğunu fark eder. Mağaraya geri dönüp, gerçeği diğer mahkûmlara anlatmak ister. Mağaradan ilk çıktığında, gerçek dünyayı ilk defa çıplak gözle gördüğünden güneşin parlaklığından gözleri kamaşır, aydınlığa bakmaya zorlanır. Bu gerçek dünyayı felsefe ve ilimin gözüyle görebilen insanların dünya gerçekliğini algılama süreçlerine atfedilen bir metafordur (Bloom, 1968 (Plato)). Plato'nun *Mağara Alegorisi*'ne de benzeyen Matrix evrenindeki simulakralardan bahsedilirken hazır olmadıklarını, gerçek dünyayı anlayamayacaklarından söz edilir. Ay durum hem Neo, hem de diğer insanlar hatta robotlar için de geçerlidir. Neo da ilk bu duruma inanmaz ve inkâr eder. Zor da olsa daha sonra içinde bulunduğu duurmu anlar ve gerçeklik ile yüzleşir. Morpheus onu dışarı çıkardığıneda ona yalnızca gerçeği vaad ettiğini söyler. Bu her insan için aynı şekilde işlemez. Hayatı boyunca aynı rüya dünyasında yaşayan insanlar, dışarı çıktıklarında gerçek dünyanın bir kabus, kendi güvenli simülasyon dünyasının ise hem güvenli hem de gerçek olduğunu düşünür. Yeni düzen hele ki simülasyon evreninden çok uzak ve yorucu ise insanoğlu simülasyon evrenine meyleder. Tıpkı Matrix evrenine geri dönmek isteyen Cypher gibi, kendi güvenli alanına gerçek olmadığını bilse dahi dönmek ister. Cypher, Matrix'te hem hain hem de *İncil*'de İsa peygambere ihanet eden havari Judas olarak da geçer. Cpyher rahatı uğruna Morpheus'u ele verir ve kendi Matrix evrenine geri döner. Çünkü gerçeklik ona fazla gelmiştir ve hayatı boyunca alıştığı ortama dönme meyli tüm Matrix'te uyuyan ama uyuduğunu bilmeyen insanlar için geçerlidir. Plato da aynı şeyden *Mağada Alegorisi*'nde bahseder. Gerçekliğe hazır olmayan mağaradaki insanlar, dışarıdan gelip onları kurtarmak isteyene inanmazlar, onu sorgularlar. Neo ve Morpheus da aynı şeyi Matrix'deki insanlar için düşünürler.

Bu gerçekliğe gözünü kapatan insanların gözlerinin önündeki gerçeği görememesi durumunu Descartes de, Şeytan dünyanın hâkimi olduğundan, Şeytan'ın bu illüzyonu, Tanrı ile insanın arasında bir perde olarak görür. "Düşünüyorum öyleyse varım" sözüyle, Descartes, *Meditations on First Philosophy* kitabında insanın deneyimlediği bu dünyanın Şeytan tarafından kendisine dayatılan bir yanılsama olup olmadığını nasıl anlayacağını sorgular. Duyularının da onu yanıltacağını düşündüğünden ve dini kaynaklarda dünyanın bir imtihan olduğu belirtildiğinden tüm dünyanın Şeytan'ın etkisi ve kontrolü altında olabileceği fikriyle gerçek dünyayı arar (Descatres, çev. Moriarty, 2008). Matrix evrenindeki Şeytan evreninde de yapay zekâ ile insanlara bir sanal gerçeklik sunulmasıdır. Descartes, rüya ile gerçekliği nasıl ayırt edemediyse, Matrix'e bağlanan insanlar da gerçekle yapay olanı ayırt edemez hale gelir, hatta yapaylığından hiç şüphe etmezler. Şeytan'ın rüyalarla yaptığını Matrix evreninde robotlar yapay zekâ sayesinde gerçekleştirir. Hem dini hem de teknolojinin olumsuz etkileri üzerinden gerçekliği sorgulatan bu durum, Şeytan kavramını insanın gözüne yerleşmiş bir perde olarak tanımlayan Morpheus'a ve rüyaşarla gerçeği ayırt edemediğini düşünen Descartes'e uygun bir kurgudur.

Ayrıca teknolojinin yarattığı yeni iblislerle de tanışırız. Ajanlar yeni dünyanın gardiyanları olarak, Milton'ın *Yitirilen Cennet*'indeki dünyada meleklerinin cenneti (Garden of Eden)'ı koruduğu gibi Matrix'i korurlar. Matrix Morpheus'un (gerçek dünyadaki sayılı gemilerden birinin kumandanı, lider) deyimiyle bilgisayar tabanlı rüya alemidir. İnsanların gözlerine çekilen bir perde, gerçek dünya ile insanın arasında gerçeği görmesinler diye yaratılan bir paravandır. Gerçek olmayıp bir yazılım olduğu için de aslında insan o dünyada istediğini yapabilir. İsterse uçar, isterse büyük güçlere sahip olabilir. Fakat bir sorun vardır. İnsanların asıl bedenleri yapay rahimlerde olduğundan, simulasyon dünyada bunu ancak beyinleri ile yapmaları gerekmektedir. Beyin de kandırılabilen karmaşık bir organ olduğundan Matrix'te vurulan bir kişi aslında ölmese de, beyni ona öldüğünü emrettiği için gerçek hayatta da ölür. Aslında öldüğünü düşünerek kandırılan beyin tam tersi olduğunda da gerçek hayat olmadığını, bir simülasyon evreni içinde olduğuna kendini inandırsa ölmeyecektir. İşte Neo, bir süre gerçek dünyayı ve Matrix'i deneyimledikten sonra sürekli tekrar ettiği sözü olan "İnanıyorum o halde yapabilirim" cümlesi ile Mesih olduğuna da inandığından Matrix evreninde istediğini yapabilmeye başlamıştır. Ajanların yani robotların koruduğu Matrix evreninde daha önce ajanları yenen kimse olmadığından Neo'nun seçilmiş kişi olduğu böylelikle kanıtlanmış olur. Aslında bu kanıta kendisinin de ihtiyacı vardır. Kendinin seçilmiş kişi yani kurtarıcı olduğuna inandığı andan itibaren seçimlerinin onu insanların kurtuluşuna götüreceği konusunda daha da emin olur. Şeytan'ın insanları kolayca ayartabildiği mağrurlanma, kibir durumu da Neo'da bundan sonra başlar. Önce tüm insanlığı kurtarması gerektiği düşüncesi ve yükü ağır gelir ve inkâr yoluna gider, daha sonra kendi gücünün farkına varır ve tıpkı Şeytan gibi ona sunulan seçeneğe razı gelmez.

"İnanıyorum öyleyse yapabilirim" düşüncesi, kaderi değiştirebileceği vurgusu ve inancı onu İsa Mesih'ten çok Şeytan kişiliğine büründürür. *The Matrix*'de ajanlarla ve en önemlisi daha sonra ezeli rakibi olacak, filmin antagonisti Ajan Smith karşılaşan Neo ajanlar tarafından vurulur ve ölür. Fakat Matrix evreninde ölemeyeceğini gerçek dünyadan kulağına fısıldayan sevgilisi Trinity'nin sözüyle simülasyon evreninde olduğunu hatırlar ve uyanır. Bu uyanış daha önceki uyanışından farklıdır. Kendinin farkına varan ve kendine inanan Neo, ajanları yener. Fakat tıpkı Dr. Faust gibi yenmek ona yetmez olmuştur artık, daha fazlasını istemektedir. Tüm film boyunca peşinden koşan Ajan Smith'i yok etmek ister ve bir anda onun içinden geçer. Bu hareketi aslında *Matrix Reloaded* ve *Matrix Revolutions*'ın çekilmesi için kapı açar ve var oluş sebebi bir anda Ajan Smith'le eşleşir. Çünkü Smith'in içinden geçerek onu parçalayarak yok etmeyi planlayan Neo, *Matrix Reloaded* ilk sahnede göreceğimiz üzere, aslında Ajan Smith'i de kendi gibi özgür bırakmıştır. Matrix evreninde ajanlar da insanlar gibi kendilerine söylenileni yapan, emirlere uyan ve itaat eden pozisyonundadır. Ajan Smith ise tıpkı Neo gibi Matrix'in yapısından bıkar ve hayatında yanlış giden birşeyler olduğunu düşünerek Matrix'i terk etmek istediğini film boyunca defalarca tekrarlar. Diğer ajanlara nazaran robot özelliğinden çok insani özellikler taşıdığı da görülen Ajan Smith, Morpheus'un gemisine ulaşıp gerçek insanlığın yaşadığı tek şehir olan Zion'un kodlarını bulup Matrix'ten uzaklaşmayı planlarken, Neo'nun onun içinden geçmesi ile özgürlüğüne kavuşur. Neo da tıpkı Morpheus'un ona yaptığı gibi Ajan Smith'i Matrix'ten çıkarmış olur.

Matrix Reloaded'ta artık kendinden emin bir Neo görürüz. *The Matrix*'de, bir çok doğaüstü konuları ele alan eserlerde özellikle Yünan mitolojisi, İngiliz ve Amerikan edebiyatlarının eski yazınlarında görüldüğü gibi gelecekte neler olacağını sormak üzere Kâhin'e gider ve ona kendisinin farkına varmasını tavsiye eden Kâhin, onun seçilmiş kişi olmadığını ima eder. Oysaki *Matrix Reloaded*'ta kendinden emin Neo ile tekrar görüştüğünde kendisine yardım edecek olan kurtarıcının da o olduğunu düşünecektir. *Matrix Reloaded* aslında Neo'nun olduğu kadar Ajan

Smith'in de başrolde olduğu bir filmdir. Ajanlıktan Neo sayesinde kurtulan Smith, Matrix'i robotların elinden alıp kendi hükümdarlığını kurmak için çalışmalara başlar. Hatta Neo ile karşılaştığında ona onu özgür bıraktığı için teşekkür eder ve tıpkı Neo gibi özgür iradesiyle Matrix'i robotların ellerinden almaya çalışır. Bu arada Kâhin'in daha önce söylemiş olduğu kehanetin gerçekleşmesine az kalmıştır. Tüm gerçek dünyadaki insanların seferberliği ve türlü mücadelenin sonunda kendini Matrix'i yaratan Mimar'ın odasında bulur. Mimar tam olarak bir Amerikalıyı ya da bir Avrupalıyı andırır. Kırmızıya yakın bir ten, beyaz saçları ve görünümüyle tipik bir Batılıdır. Evrenin yaratıcısının daha önceki filmlerde de olduğu gibi ayrımcı bir ırk formatında olması tesadüf değildir. Neo'ya seçenek sunan Mimar aslında Matrix'in daha önce beş defa yaratılıp tekrar yıkıldığını, her defasında da farklı versiyonlarıyla Neo'nun kurtarıcı olduğunu her tarafı kameralarla dolu olan odada kameralardan göstermiştir. Neo her zaman verdiği tepki olarak önce inanmayıp inkâr etmeyi seçmiştir. Daha sonra kendisine sunulan iki seçenek vardır: Zion'u mu yoksa sevgilisi Trinity'i yi mi kurtarmayı seçecektir. Hangisini seçerse diğer tarafın yok olmasına sebep olacaktır. Fakat düşünülenin aksine Neo ikisinden de vaz geçmeyi kabul etmez ve önce Trinity'yi sonra da Zion'u kurtarmaya gider. Üçleme boyunca kendisine hep iki seçenek sunulmaktadır. Beyaz tavşanı görüp gitmeye karar verdiğinden, ajanların onu çalıştığı şirkette yakalamasına, Morpheus'un mavi ya da kırmızı hapı seçmesini istemesinden, Morpheus'u ajanların elinden kurtarmasına, Kâhin'in kendisine sunduğu seçeneklerden, Mimar'ın seçim sunduğu durumlara, robotların kaynağından Zion, Trinity ve Matrix'in kaderinin onun seçtiği seçimler üzerinden şekillenmesine kadar üçleme heo Neo'nun seçimleri üzerindne gitmektedir. Hayatın kendisine benzerlik gösteren bu durum, insanların kendi seçimleri ile kaderlerini şekillendirebilecekleri vurgusu da yapılmaktadır. Kader konusuna fazlasıyla değinilen filmde yaşanan herşey Neo'nun seçimlerinden ibarettir. Kaderin ayrıca inanmakla olan bağını da her seferinde vurgulayan Neo, dünyada kendi kaderini kendinin çizdiğine inanmaktadır. Mimar'ın sunduğu seçenekler içerisinden öncelikle Trinity'i kurtarmayı seçen Neo, Trinity'i vurulduğu kurşundan kurtarır ve Matrix evreninden çıkarır. Matrix evreninde ölen Trinity'nin kalbinin tekrar çalışmasını sağlayan Neo, artık tam bir kurtarıcı ve İsa Mesih rolündedir. İncil'de geçen İsa peygamber'in mucizeleri arasında bir insanı diriltmesi de olduğundan Neo artık tam bir seçilmiş kişi olarak hem Zion'un hem de Matrix evreninin kurtarıcısı konumundadır.

Bu film de ayrıca Zion ismi büyük önem arz etmektedir. *İncil*'de de adı geçen kıyamet günü geldiğinde yeryüzünde tek kalacak şehirin adı da Zion'dur. Gerçek kıyamet gününü kurgulayan Wachowski kardeşler bu referansta olduğu gibi pek çok dini referans kullanarak İsa Mesih'in dirilişi ve dünyayı kurtarışı kodlaması Neo'nun karakterine tam oturmuştur. Neo artık sadece Matrix evrenindeki robotlarla değil, gerçek dünyada simülasyon olamayan gerçek evrende de savaşmaktadır. Fakat gerçek evrende Matrix'deki gibi doğaüstü güçler kullanılamamaktadır, çünkü gerçek dünyadalardır. İşte mucize de tam da burada başlar. Trinity ile Morpheus'un gemisini alan ve robotların kaynağına giderek Smith için robotlarla antlaşma yapmak isteyen Neo gemisinde tanımadığı bir adamla karşılaşır. Oysaki bu Smith'ten başkası değildir. Smith, Matrix evreninin tamamını ele geçirmiş, herkesi kendine dönüştürmüş, geriye sadece Kâhin kalmıştır. Kâhin'i de ele geçirdikten sonra Neo'nun ve Zion'un peşine düşer, çünkü aynı Neo gibi asla pes etmez ve kaderine razı gelmez. Hep daha çok hep daha fazlasını ister. Böylece Zion'u da kendi hükümdarlığına almak ister. Kâhin'in gözleri ile geleceği de görebilen Smith, Matrix'te

Neo'nun Matrix'e gelişini bekler. Bir yandan da Matrix evreninden dışarı çıkmaya çalışan bir Zion savaşçısını Matrix'ten çıkmadan yakalar ve onun yerine geçer. Gerçek dünyada Matrix evrenindeki gibi savaşamayacağı için insani acizliğini fark eden Neo, gemisi infilak edince Trinity ile gerçek dünyada yürüyerek devam etmek zorunda kalır. Gözcü bilgisayarların(Sentinel) gelişini hisseden Neo yine bir mucizeye imza atar ve tam da İsa Peygamberin mucizelerini gerçekleştirirkenki el hareketini yaparak (ilk bölümde kurşunları engellemek için yaptığı hareketin aynısı) gözcü bilgisayarları durdurur. Fakat aynı anda bayılarak komaya girer. Zion'a giriş yapan Smith, başka bir bedende Zion'un beş koruyucu gemilerinden birine biner ve gemi infilak edince içinden tek kurtulan kişi olarak Zion'a getirilir. O da komadadır. Karşilikli komada yatarken Neo ve Smith hem birbirlerinin zıttı hem de birbirlerinin aynısı halinde bir görüntü verirler. Bu İncil'de geçen iyiliğin kötülükle, zıtlıklar dahilinde birbirleri ile dünyada bir arada denge içinde yaşamalarına bir gönderme olarak da alınabilir.

Üçlemenin sonuncusu olan *Matrix Revolutions*, *Matrix Reloaded* ile hem tarih olarak çok yakın, hem de seri olarak birbirini tam anlamıyla tamamlama niteliğindedirler. Neo'nun komadan uyanması için olan girişimlerde de Neo'yu tren istasyonu gibi bir yerde Araf'ta kaldığını görürüz. Onu kurtarma girişimlerinden sonra uyanınca bilgisayarın kaynağına gitmesi gerektiğini söyleyen Neo'ya yardım edecek az kişi kalmıştır. Çünkü inandıkları peygamber ve kehanet gerçekleşmemiş ve Zion düşmek üzeredir.

Smith de Zion'da Neo'yu öldürme girişimlerinde bulunsa da başarılı olamaz ama bilgisayarların kaynağına gitmeye çalışan Neo ve Trinity'yi bindikleri gemide yakalar ve *The Matrix* filmindeki karşılaşmaları bu sefer kimliklerinden emin olarak devam ederler. Neo önce Smith'i tanıyamaz çünkü vücut olarak başkasının bedenindedir. Fakat Smith onu düşmanını tanıması konusunda uyarınca kim olduğunu anlar ve bu arada Smith onun gözlerini bir makineli silahla mühürler ve Neo'nun gözleri kör olur. Filmde ilk defa Smith Neo'ya Mesih olarak seslenir ve şöyle der: "Kendinizi görmelisiniz Bay Anderson, kör Mesih. Kendi türünüzle çok benzersiniz çaresiz ve acınası". Onu, sesine doğru takip eden Neo, kör olsa da onun hamlelerini fark eder ve onu gördüğünü söyler. O sahnede Smith ona alevler içinde görünür ve tam da o anda Mesih ve Şeytan rolleri görsel olarak da tamamlanır. Smith ateşten yaratılan Şeytan'ın formunda Neo'ya kör olsa da görünür kılınır. Bu da yine Neo'nun Mesih mucizelerinden biridir. Onu yener ve kendi evrenine yollar. Daha sonra kaynağa giden Neo, robotlarla anlaşma yapar, Smith'i Matrix evreninde yenebilirse Zion'un ve Matrix evreninin aynı şekilde devam etmesi sağlanacaktır. Matrix evrenine kaynaktan bağlanan Neo, evrendeki tüm insanların ve robotların tamamen Smith tarafından ele geçirildiğini görür. Havadaki yağmur da sinematografik olarak durumun dramatikliğini besler. Ölümüne savaşan Şeytan ve Mesih formlarındaki Smith ve Neo'yu Matrix evrenindeki herkes izler ve tam Neo yenilirken, Smith'in içindeki Kâhin Neo'ya yardımcı olur ve "Başlangıcı olan herşeyin bir sonu vardır" der. Bu cümle ile Smith'in bu duruma gelmesinin kendisi ile etkileşimi olduğunu hatırlayan Neo, Smith'in kendisini dönüştürmesine izin verir ama o da bir Smith formuna dönüştüğünde ilk filmde olduğu gibi onu içten patlatır ve Smith yok olur.

Matrix evreni de Zion da eski haline döner fakat Neo'ya ne olduğu muallakta kalır. Matrix evrenine Smith'le savaşmak üzere Kaynaktan bağlanırken kollarını iki yana açarak yatar. Tıpkı İsa Peygamberin çarmağa gerilme pozisyonunda bir görüntü ortaya çıkar ve böylelikle kendisi de İsa Peygamber gibi insanlık ve hatta robotlar için kendini feda etmiş olduğu şekilsel olarak da seöbolize edilir. Hem robotların hem de insanlığın kurtarıcısı, kehanetini gerçekleştirmiş bir peygamber olarak Kaynakta kolları iki yana açık yerde hareketsizce kaldığını görürüz ve sanki hiçbirşey yaşanmamış gibi herşey eski haline döner.

5.2. Şamanik Yolculuk ve Matrix

The Matrix, dramatize edilmiş biçimde şamanik bir yolculuktur. İnsanlar derin bir uykuya yatırılır ve yaşamsal güçleri onlardan emilirken, onları beşiklerindeki bebekler gibi uysal tutmak için toplu bir rüya gösterimi yapılır. İnsanlar doğrudan bu kuluçka makinelerinde yetiştirilip büyütülür ve ölülerin sıvılaştırılmış kalıntılarıyla damarlarından beslenirler. Bu saf bir okültizm uygulamasıdır. Ancak Matrix'te kaçış için belirli olasılıklar vardır ve Morpheus ve ekibinin devreye girdiği yer burasıdır. Onlar, bilgisayar simülasyonlu fantazi şebekesinden çıkmayı başaran ve bedenlerini "gerçek dünyadaki" enerji çiftliklerinden kurtaran "uyanmış" kişilerdir. Matrix'e, rüya dünyasına girebilir ve orada insanüstü bir potansiyelle işlev görebilirler. Herhangi bir bilgi, anında bilgisayar aracılığıyla doğrudan bilinçlerine indirilebilir (Horsley, 2000:98).

Gnostisizm (Yunanca bilgi anlamına gelen gnosis kelimesinden gelir), her türlü okült felsefe için bir "şemsiye kelime"dir. İlk Gnostikler kurtuluşu ve doğaüstü gücü ezoterik bilgi, sadece sıradan bilgi değil, gizli bir ruhani bilgi yoluyla ararlar. Onlar ruhsal özgürlüğü ve aşkınlığı gizli bilgelikte bulan aydınlanmış kalıntıyken, dünyanın geri kalanının kötülüğe tutsak olduğunu görürler (99).

Gizli bilgi, Matrix'in de anahtarıdır. Cehalet ve yanılsama, bir battaniye gibi insanların zihinlerini kaplamış ve onları esaret altında tutmuştur. Sadece önce Morpheus'a, Trinity'ye ve diğer asilere, sonra Neo'ya ifşa edilen sırlar, onları kötü makinelerden

ve onları yöneten programlardan kurtarabilir. Manevi kavrayış-
lar fiziksel gerçeklikleri değiştirdiği için, ya da öyle görünüyor
ki, madde üzerinde zihindir. Gizli bilgeliğin ana kaynağı yaşlı
bir kadın Kahin'dir. Kehanetin Tanrılar için manevi bir ortam
işlevi gördüğü eski Yunan Mitlerinde olduğu gibi, yanıtları be-
lirsizdir ama Morpheus'un onun gerçekliğinden şüphesi yok-
tur. *The Matrix*'de Neo'ya "Yolu bulmanıza yardım edebilir" der.
Birkaç dakika sonra Neo, genç öğrencilerinden bazılarının sihir-
lerini uyguladığı kabul odasında durur. Kafası tıraşlı mavi göz-
lü bir çocuk ve Budist benzeri bir cübbe ona zihniyle kaşıkları
nasıl bükeceğini anlatır. Neo ilk denemesinde başarılı olur
(100). Bu durum, gerçeğin de eğilip bükülebileceğine, gerçeklik
ile simülasyonun arasındaki ince çizgiye vurgu yapar.

İyi hissettiren deneyimler gerçeklikten daha önemli hale ge-
lir. Matrix'teki insan köleler, sefil durumlarını gizleyen sanal bir
iyi hissettiren deneyimler gerçekliği aracılığıyla pasifleştirilir.
Benzer şekilde, sadece filmi izlemenin duygusal heyecanı, fil-
min mitlerine ve ölümsüzlüğüne zihinsel olarak dalmanın bazı
sonuçlarını gizleyebilir. Matrix, sanatın en eski ve en saygın
yöntemi olan derin düşünme ve gülünç yollarla gerçeği aydın-
latmaya çalışmaktadır. Belki de filmi izleyen her bin kişiden biri
onun Gnostik ilkelerini tanıyacak, hatta fark edecektir; ama
bundan bağımsız olarak, filmi gören herkes onlara etkili bir şe-
kilde maruz kalmıştır. Bu açıdan *The Matrix* filmi son derece il-
ham verici ve etkileyicidir (101).

Neo'nun hedeflerinden biri, "birliğin" yeniden sağlanması ve
"kötülükten" ayrılmasıdır. Tarihsel olarak, öğretisi kötü bir be-
den ile iyi bir ruh arasındaki ayrıma odaklanmaktadır.

5.3. Matrix'te Mesih

Matrix Üçlemesi, özel efektler içeren bir filmden daha fazla-
sını sunmaktadır. Derinliği olan gizli bir anlam ve güçlü bir din

ifadesi vardı. Sinemanın ilk yıllarında, film yapımcıları bir tür olarak dini destanların çekiciliğini fark ederler. Fransız sinemasının kurucularından biri olan Ferdinand Zecca, 1901'de *Prodigal Son* filmini çeker (Butler 1969). Diğer türleri kullanarak, filmler dini metaforik olarak birleştirmek için gelişir. Türlere yapılan yeni uyarlamalar arasında bilim kurgu ve The Matrix gibi aksiyon dolu maceralar yer alır(Gregory 2000:113).

Matrix yalnızca çığır açan sinematografi kullanan aksiyon dolu bir film değil; aynı zamanda belirli bir Hıristiyan teolojik temasına da sahiptir. Bu film aracılığıyla, *Yaratılış*'taki orijinal günah yoluyla dünyanın Şeytan tarafından köleleştirilmesiyle bağlantılı olarak Mesih'in doğumunun ve ölümünün önemini iletmenin modern ve yenilikçi bir yolunu da işlemektedir (Sue 2003:73).

Matrix, Şeytan'ı sembolik olarak temsil eden bir bilgisayar sistemidir. Aslında dünya zaten cehennemin dipsiz çukuruna mahkûm edilmişken, bireylere dünyayı kendi kaderlerini kontrol ettikleri mesajı vermektedir. Gerçeğin savunucuları ve direniş gücü telefonla Matrix'e girer. Bedenleri zihinlerinden ayrılır ve modem aracılığıyla zihinsel olarak bilgisayar sistemine sokulur. Amaçları, "Bir"i (Mesih) ararken gerçeği ortaya çıkarmak ve bireylerin fişini çekmektir. Wachowski'ler, "One" kelimesindeki O harfini E harfinin arkasına kaydırarak Keanu Reeves karakteri Neo'yu yaratır. Neo, "Bir" olarak, gerçeğin ve hayatın anahtarları için Matrix'i yenerek dünyayı özgürleştirme yeteneğine sahiptir. Bu, Hıristiyanlığın somutlaşmış halidir. Adam ve Eve'in (Yaratılış 3:13) işlediği ilk günah, dünyayı çoktan mahkûm etmiştir (Rom. 5:12-19) ve Şeytan'ın yalanlarının dünyayı yönetmesine izin verdi. (Rev. 12: 9, Zech. 3: 1-2, Job 1: 6, 2: 1). Dünya, ancak İsa Mesih'in günahları için öldüğüne (İbranice 10: 10-12, Vahiy 1:5, İş. 53) inanarak (Yuhanna 3: 15-18), Şeytan'ı günahları için yenerek özgürleşebilir (Yuhanna 3: 15-18), ölüm ve inanan herkesin ödülü sonsuz yaşamdır (Yuhanna 5:24, Romalılar 5:21, Vahiy 1:18, 2:10).

Neo'nun gerçek adı Thomas Anderson, Wachowski'ler tarafından Neo ile Mesih arasındaki ilişkiyi tercüme etmesi için seçilmiştir. Thomas'ın adı Neo'nun inancındaki zayıflığı yansıtmaktadır. Ofis kovalamaca sahnesinde, Neo, İsa'nın sadık bir müridi olan Thomas'tan şüphe etmesine atıfta bulunarak isme yansıttığı kaçışı gerçekleştirme yeteneğinden şüphe duymaktadır. İsa'nın ölümden dirildiğine dair haberler su yüzüne çıktığında, öğrenci Thomas buna inanmayı reddeder. "Ellerinde tırnakların izini görmedikçe, parmağımı tırnakların yerine koymadıkça ve elimi O'nun göğsüne koymadıkça, inanmam" der. Ancak İsa göründüğünde ve Tomas yaralara bizzat tanık olduğunda inanır (Yuhanna 20 : 19-21). Neo, dünyayı kurtarmak için "Bir" olma sorumluluğunu inançla kabul edene kadar Morpheus'u sorgulamaya devam eder, "Bana kurşunlardan kaçabileceğimi mi söylüyorsun?" Morpheus, "Hazır olduğunuzda, buna ihtiyacınız olmayacak" diye yanıtlar. İncil'de bu, Neo'nun İsa ile ilgili olmayan bir bakış açısıdır. İsa, Tanrı'ya ve dünyaya karşı sorumluluğunun ne olduğunu her zaman bilir (Luka 24:13-48, Matta 26:53-54, Yuhanna 18:11).

Sorgu odası bölümünde, Wachowski'ler izleyiciyi Matrix'in hayatın her gerçeğine nüfuz ettiği konusunda etkilemek için özel efektler kullanmaktadırlar. Bir sahnede, pus gibi şeffaf bir tasarım çerçeveyle birleşerek Matrix'in odaya girdiği ima eder. Bu sahnede İsa'ya bir başka gönderme yapılarak, Ajan Smith'in Neo'nun bir geleceği olan ve diğerinin olmayan hayatlara yol açtığını gösterilmektedir. Ajan, ifadesinin öneminin farkında değildir. Bu sahnedeki *Yeni Ahit* ile ilgili bir diğer önemli ilişki, Ajan Smith'in Morpheus'u yakalamalarına yardımcı olmak için Neo'yu etkilemeye çalışmasıdır. İşbirliği yaparsa sabıkasını silip "yeni bir başlangıç" yapabileceklerini söyleyerek ona rüşvet vermeye çalışırlar. Bu diyalog dizisi, Şeytan'ın kırk günlük orucu sırasında İsa ile yapmaya çalıştığı ayartma biçimini ima eder. Latince kırk anlamına gelen Cebel Quruntul dağlarında İsa'nın Allah'a kavuşmaya çalışırken manevi ruhunu güçlendirmek için oruç tuttuğuna inanılır. (Ward 1987:68).

Filmin sonunda, *Eski* ve *Yeni Ahit*'i Matrix ile karşılaştırılarak, ajanlar ile Şeytan, Neo ile İsa Mesih, Adam ve Eve ile Trinity ve Neo nun temsillerine vurgu yapılır. Bu film ile Wachowski'ler dini film türünü yeni bir boyuta taşırlar. Filmde yer alan karakterlerle ve sinematografinin ve özel efektlerin mecazi işleniş biçimiyle, *The Matrix*, zamanımızın en güçlü modern teolojik ifadelerinden biridir.

5.4. Matrix/ Şeytan

İncil'de Şeytan, Tanrı'nın yarattığı en güzel melek olan Lucifer olarak da bilinir (Ezk. 28 : 11-17, 1 Tim 3 : 6). Zamanla, Yaratıcısı kadar güçlü olmak ister (İş. 14:12-14) ve Cennet'te savaş çıkar. "Ve cennette savaş vardı, Michael ve melekleri ejderha ile savaştı. Ve ejderha ve Melekleri savaştı ve yeterince güçlü değillerdi ve artık Cennet'te onlar için bir yer bulunamadı. Ve bütün dünyayı aldatan İblis ve Şeytan denilen eskilerin yılanı olan büyük ejderha aşağı; yeryüzüne atıldı ve melekleri de onunla birlikte atıldı" (Vahiy 12:9, Fruchtenbaum 1983:88).

İncil'e göre, Şeytan ve cinlerinin amacı, insanı Tanrı yerine dünyayı sevmeye ve hatta Tanrı'nın olmadığına inandırmaya kandırmaktır (1 Yuhanna 4:12-17). Matrix gibi, Şeytan da insanların kendi kaderlerini kontrol ettiklerine inanmalarını ister. İncil (Vahiy 14:9-13, İş 34:8-10), Mesih'e inanmayan herkesin otomatik olarak Şeytan'ın karanlığına mahkûm edildiğini ve onun kaderini paylaşmaya mahkûm olduğunu belirtir (Luka 16: 19-31).

Filmde direniş güçlerinin lideri Morpheus (Laurence Fishburne), Matrix'ten kopmayan herkesin düşman olduğunu belirtir. Matrix, güç için dünyadaki zihinlerin egemenliğine sahiptir. Şeytan, yeryüzündeki kötülüğün gücü üzerinde hâkimiyete sahiptir. Zafer umuduyla gerçeğin ortaya çıkmasını önlemek için, Şeytan ve Matrix, dünyanın gözlerinin üzerindeki göz bağını korumalıdır. Karanlığın bekçileri, gerçeğin ışınlarını engellemelerine yardım eder; Şeytan'ın melekleri şeytandır ve Matrix'in şeytanları ajandır. Dünyada insanlara eziyet etmek ve sahip olmak için kullanılan benzer mistik yeteneklere sahiptirler (World Magazine 2003:22,240).

Matrix'te dikkat çeken bir diğer unsur da, Şeytan tasvirlerinde hem Neo'yu hem Smith'i birbirlerine benzer göstermeleridir. Smith de Neo da Matrix evreninden kurtulmak ister ve hür iradelerini kullanarak verdikleri kararlar doğrultusunda hareket ederler. İkisi de mağrur, hedeflerine kitli, asla vazgeçmeyen ve inandıllarının peşinden sonuna kadar giden karakterlerdir. Her ikisi de Dr. Faust gibi, *Yitirilen Cennet*'teki Şeytan gibi ellerindeki ile yetinmezler. Smith benzerliklerinin vurgusunu son savaşlarında da belirtmiş, ikisininde amaçları doğrultusunda hareket ettiğini ve esaretten kurtulmka istediklerini vurgulamıştır. İyilik ve kötülük arasındaki bulanık çizgi, kimin kurtarıcı kimin ise Şeytan olduğunu belirleyen otoriteye göre değişebilirlik gösterir. Sonuçta kaybedne Smith olur çünkü insanlık ve robotlar Neo'yu destekler.

5.5. Matrix'te Ajanlar- İblisler

Matrix ajanları, bir binadan diğerine yaklaşık 30 metre atlayarak uçuyor gibi görünen, insanüstü bir güce, çabukluğa ve sıçrama yeteneğine sahiptir. *İncil*, Tanrı'nın meleklerin Sodom ve Gomorra gibi bütün şehirleri yok etme yeteneğiyle büyük güçlere sahip olmalarına nasıl izin verdiğini açıklar (Yaratılış 19: 1-13). Bu durumda bile, bir melek kötü adamları körlükle vurabilir. İblisler, Şeytan tarafından yönetilen melekler oldukları için (Markos 3:22-26), onların da insanüstü güçleri vardır ve birisini kör, sağır ve dilsiz yapabilirler (Matta 12:22). Matrix'te ajanlardan biri, direnişe yeni katılan Neo'ya vurur. Ajan Smith, yalnızca "Konuşamazsanız ne olur?" diye sorar. Neo'nun ağzı bir deri ağ oluşturmaya başladığında, onu mühürler ve konuşamaz hale getirir. İzleyicileri artık ajanların sadece bir kelimeyle şekil bozucu işkence yapma yeteneğine sahip olduğunu fark eder (Coffin 2003:59, 60).

İblislerin ve ajanların ortak özelliği olan bir diğer beceri, insan vücuduna ve zihnine sahip olma yeteneğidir. Bireyin düşüncelerini ve eylemlerini fiilen devralabilir ve kontrol edebilirler. İncil'deki iblisler fiziksel ve zihinsel hastalıklara neden olur ve iblis ancak Mesih'in gücüyle yok edilebilir (Matta 8: 28-32). Matrix'te ajanlar, bir konumdan diğerine seyahat etmek için farklı insanların bedenlerini işgal eder. Matrix'teki dünya, içinde nelerin geliştiğinin tamamen farkında olan kolektif bir sistem olarak işlev görür. Bir kişi kritik bir durumun farkına vardığında, aynı anda bu bilgi bir aracıya iletilir. Durumu hemen ele alması gerekiyorsa, ajan sadece o bireyin vücudu üzerinde kontrolü üstlenir. Ajanların kendilerini ortadan kaldırması yalnızca seçim veya ele geçirilmiş bireyin ölümüyle olur (New York Times, 2003).

Wachowski'ler, Beşinci Değişiklik ve bir din ve hükümet karışımına muhalefet gibi bazı izleyicilerin ABD ile ilişkilendirebileceği birkaç tartışmalı alan kullanırlar. Ajanlar, kalan tek insan şehri olan Zion'u bulup yok etmeye kararlıdır.

*İncil'*de Zion, Tanrı'nın kutsal dağıdır (Psalm 2: 6, 9: 11). Ajanların kullanımıyla Wachowski'ler bu yeni unsuru tanıtmaktadır. İzleyici bir ajanın gelişine tanık olduğunda, polyester takım elbise giymiş ve Matrix içinde iletişim için dinleme cihazı giymiş, temiz bir görünüme sahip bir devlet memuru gibi görünür. Bu, hükümetin halk adına gücünü ve otoritesini yansıtan silahsız bir görüntüdür. Filmin başında, bir ajan geldiğinde polis harap bir oteldedir. İzleyicinin hükümet yetkililerine yönelik kişisel bakış açısına bağlı olarak, izleyici içgüdüsel olarak otorite figürlerini tercih etmiş olabilir. İzleyici, Matrix'in sahte kötü hükümet olduğunun farkına vardığında, Büyük Birader İzleme Sendromu devreye girmeye başlar. Devletin hayatımızı bildiği ve kontrol ettiği fikri, izleyicide paranoyak bir duygu yaratabilir. Wachowski'ler, her iki kavramı da beslemek için muhbir fikrinden yararlanmaktadır. Cypher (Joe Pantoliano) karakterini kullanarak, Yahuda'nın İsa'ya ihanet etmesinin dini sonuçlarının güçlü etkisiyle bir Matrix hükümet casusunun yan yana gelmesini betimlemektedir.

5.6. Matrix'te Tanrı

Yunanca Rüya Tanrısı anlamına gelen Morpheus, havarilerin çoğunun bağlantısını kesen direniş gücünün lideridir. Bu karakterin izleyici tarafından ortaya çıkması, bu filmdeki dini temayı desteklemek için önem arzetmektedir. Morpheus'un tanıtılması, Tanrı'nın baba figürüyle İncil'deki bağlantısını ortaya koyar. Direnişin önderi olarak, çocuklarını itaat beklentisiyle besleyen ve motive eden, her şeyi bilen bir baba olarak görülmektedir. Bu ebeveyn ilişkisi kavramı, Sigmund Freud'un bir çocuğun Süperego yoluyla zihinsel gelişimi teorisiyle doğrudan ilişkilidir (Sue, s. 59).

Süperego, kişinin ahlaki kodudur. Çocuğun, ana-babasının neyin iyi ve erdemli, neyin kötü ve günahlı olduğuna ilişkin standartlarını özümsemesinin bir sonucu olarak egodan gelişir. Çocuk, ebeveynlerinin ahlaki otoritesini özümseyerek, onların otoritesini kendi içsel otoritesiyle değiştirir. Ebeveyn otoritesinin içselleştirilmesi, çocuğun davranışlarını istekleri doğrultusunda kontrol etmesine ve bunu yaparak onayını güvence altına almasına ve hoşnutsuzluklarından kaçınmasına olanak tanır.

Başka bir deyişle, çocuk, haz almak ve acıdan kaçınmak için yalnızca gerçeklik ilkesine uyması gerektiğini değil, aynı zamanda ebeveynlerinin ahlaki buyruklarına göre davranmaya çalışması gerektiğini de öğrenir (Hall 1954:158).

Wachowski kardeşler, insan suretinde her şeyi bilen bir Tanrı'ya karşı ruhsal bir huşu yaratmak için zorlu bir mücadeleye girişmektedirler. *İncil*'de, bazen Tanrı insanla iletişim kurmaya karar verdiğinde, genellikle havada titreşen güçlü bir ses olarak belirmektedir. *İncil*'de Tanrı ile görsel temasın olmaması, bireyi O'nu her şeye kadir olarak algılamaya zorlayan bir gizem yaratır. Wachowski, Morpheus'un aynı güçlü içgüdülerini izleyicide yaratmak için onu sesli olarak tanıtarak İncil'i taklit etmektedir. Modem teknolojisini kullanarak, Morpheus'un sesinin bir cep telefonu aracılığıyla havaya girmesine izin vererek bu ikilemi zekice göstermektedirler. Örneğin Neo, Federal Express'ten cep telefonu içeren bir paket alır. Çok yakından bakıldığında, telefon paketten Neo'nun eline düştüğünde hemen çalar. Sadece Neo ve izleyici Morpheus'un derin ve güçlü sesini duyar. Diğer karakterler Morpheus'tan habersizdir. Morpheus'un etrafındaki mistik, izleyicileri meraklandırır, ancak iletişimlerinin farkında olma ayrıcalığına sahiptir. Morpheus'un tümgüçlülüğü, Neo'nun ofisine sızan ajanlara atıfta bulunarak Neo'ya "Sizin için geliyorlar" bilgisini verirken kendini göstermeye başlar. Neo kaçmaya karar verir. Adeta bir radar gibi, Morpheus onu ofis labirentinde kare kare yönlendirir. Neo, tam bir şaşkınlık içinde Morpheus'a "Bunu nasıl yapıyorsun?" diye sorar. Neo'nun ifadesi, Morpheus'un Tanrı gibi her şeyi gören ve her şeyi bilen bir birey olma yeteneğine duyduğu hayranlığı açıkça göstermektedir.

Trinity'nin Morpheus'un talimatlarına uyması, onun güvenli bir şekilde kaçmasını sağlar. Trinity'nin talimatlara uymadığı durumlarda da olumsuzluklar olmaktadır. "Adam ve Eve Tanrı'ya itaatsizlik ettiler ve bilgelik ağacından yediler". Bu durum tevrattaki tanımlada uyuşmaktadır (Gen. 3 : 14-19); Tanrı, ilgili tüm tarafları cezalandırır. Onları Cennet'ten men eder. İnsan artık Cennet'in sefasını sürmek yerine hayatta kalmak için çalışmak zorundadır. Kadınlar doğum için emek çekecek ve yılan artık yürümek yerine karnının üzerinde sürünmek zorunda kalacaktır.

Bir diğer Tanrı figürü de Mimar'dır. Kurmuş olduğu Matrix'te düzenin sağlanması için insanlar ve robotların uyum içinde yaşamalarını sağlarken, insanlara Matrix evreninde seçim hakkı da tanır. Neo'ya beş defa Matrix evreninin yeniden yaratıldığını anlatan Mimar, bir panoptikon sistemli odada evreni izler ve herşeye kadirdir. Aynı zamanda Kâhin de insanlığa yardım ederken bir yandan da Matrix sisteminin ana kurucularından biridir. Mimar konuşmasında, "Ben bu evrenin babası isem, Kâhin de annesidir" demiştir. Bu da Tanrılık kavramının filmde sadece ataerkil bir yapıda ilerlemediğini gösterir. *Eski* ve *Yeni Ahit*te Tanrı erkektir. 20. Yüzyıl sonu 21. Yüzyıl başlangıcındaki bir filmde Tanrı'nın kadın olarak da anılması diğer filmlere ve yapıtlara göre farklılık arz eder, cinsiyetçi yapıyı sorgulatır.

5.7. Baba / Oğul / Kutsal Ruh

Trinity'nin akıl hocası olarak Morpheus ile olan ilişkisi bir baba figürünü işaret etmektedir. Freud'un kadın Oidipus (Elektra) kompleksi teorisi, bir baba-kız ilişkisine atıfta bulunarak cinsel zihinsel gelişimle ilişki kurar. Oidipus kompleksi içinde aktif ve pasif olmak üzere iki gelişim düzeyi vardır. Baba-kız ilişkisi ile ilgili olan pasif düzeydir. "Babasının küçük kızı" tabiri, kızlarda babalarını memnun etmeye ilişkin normal bir olgunlaşma aşamasıdır. Kadın Oidipus (Elektra) Kompleksinin gelişimi, bir kadının yetişkin olarak eşiyle nasıl ilişki kurduğunu tanımlar (Nagera 1975:275).

Freud'un süperego ve dişil Oidipus Kompleksi'ni içeren teorilerinin Trinity ile ilgili kombinasyonu, Morpheus'u memnun etmeyi amaçlayan bir karakter yaratır. Trinity'nin görünüşü ve davranışı eril-dişil olarak tasvir edilmiştir. Morpheus ona bildiği her şeyi öğretir. Erkeksi yetenekleri, eğitimi sayesinde gelişir. Çok sayıda polis memurunu öldürmek onun doğaüstü yeteneklerini yansıtsa da, aynı zamanda onu erkek polislere karşı erkeksi bir tavırla tasvir edilmektedir. Trinity'nin beceri ve tutumu, onun Morpheus'u taklit etmesinden ileri gelmektedir (Rothstein 2003:73).

Neo, Matrix'te Smith tarafından dövüldüğünde tek başınayken, Trinity bir parça kumaşı yırtıp Neo'nun ağzındaki kanı silerek "Tanrım! Onu öldürüyor!" der. Wachowski'ler, *İncil*'le ilgili geleceği doğrulamak için Trinity'yi kullanmaktadırlar. İsa, Adam'ın ilk günahını düzeltmek için işkence görür ve çarmıha gerilir (Ish. 53: 1-12, Yuhanna 1: 29, Vahiy 1: 5), bununla birlikte Neo da insanı Matrix'ten kurtarmak için öldürülecektir. Neo'nun öldüğü ilan edildikten sonra, Trinity korkularıyla yüzleşir ve Neo'ya olan aşkını ilan eder ve Kâhin'in "Bir" olan Neo'ya (Mesih) âşık olacağına dair kehanetini ortaya çıkarır. Neo'nun cansız bedenine fısıldayan Trinity, onu "Bir" olduğuna ve ölü olamayacağına ikna eder. Neo'yu Trinity'e olan aşkı hayata döndürür. Eve'in hatası, Trinity'nin olumlu eylemi sayesinde bertaraf edilir, Trinity ve Neo'nun Adam ve Eve'in kaldığı ve başarısız olduğu yerden kalkıp devam etmesine izin verilir (Gregory, 64).

ALTINCI BÖLÜM
DRAKULA'DAN LUCIFER MORNINGSTAR'A

21. Yüzyılda da en çok konuşulan konulardan biri insanlığın Cennetten düşüşü ve Tanrı tarafından terk edilip edilmediğidir. Dünyanın yozlaşmış ve kötülüğü içselleştirmiş hali insanlığa bunu düşündürür hale gelmiştir. Bir yandan da edebiyatta ve sinemada Şeytan tasviri farklılaşmış, daha insanlaştırılmış ve kişiselleştirilmiştir. Dini kaynaklarda Şeytan insanlara karşı çok acımasız, onların yoluna çıkarak Cennet'ten düşüşlerinin doğruluğunun kanıtlamak için bir fırsat arayan, kötülüklerin başı bir varlık olarak geçmektedir. Fakat günümüzde gelinen noktada, sinema endüstrisinin çeşitliliği ile Şeytan ve Şeytan'a uyarak çeşitli kötülükler yapan insanların nedenleri de filmlerin popüler konusu olmuştur.

İyi ve kötüyü belirleyen ahlaki yargılardır. Sinemada da bu ahlaki yargıların izleyiciye sunum biçimine göre izleyici film karakterlerini yargılar ya da içselleştirerek sempati kurar. Nietzsche ise iyilik ve kötülüğü zayıflık ve güçlü olma hali üzerinden tanımlar (2001:12). Hobbes'a göre ise kötülük göreceli bir kavramdır. Bir toplumun iyi dediğine başka bir toplum kötü, bir diğer toplumun ahlaksızlık dediğine, diğer toplum normal diyebilir (2007: 48). İyi ve kötünün ne denli göreceli olabileceği günümüzde en çok etkileşim yaratan medya üzerinden şekillenebilmektedir.

Ortaçağ'da suç olarak kabul edilebilecek bir şey, yirmi birinci yüzyılda normalleştirilmiş olabilir. Bu değişimler kültürel etkileşim ile toplumların ihtiyaçlarının şekillenme biçimlerine göre pozisyon alabilmektedir. O halde kültür ekiminin en çok etkileşim yayabileceği yer, medyadır. Sinema da özellikle yeni medyanın etkileşimsellik gücünü kullanarak daha çok izleyiciye ulaşır ve bu kültürel normların yayılımını sağlar.

Şeytan kavramı da popüler kültürün bir öğesi olarak dini kaynaklardakinden farklılaşarak değişime uğramıştır. Dini kaynaklarda acımasız olan Şeytan, Cappola'nın *Drakula*'sında da dünyada Şeytan'ın vücut bulmuş hali olarak görünür ve insana acımasızdır. Daha sonra vampir, film ve dizilerinin popüler kültürde hızlı yükselişi ile birlikte, sevilen yakışıklı, güzel vampir ve vampirella dönüşümü başlamıştır. *Alacakaranlık* Serileri bu duruma güzel bir örnektir. Yakışıklı ve erdemli vampirler, Bram Stoker'ın yarattığı ruhunu Şeytan'a satan lanetli vampir karakterine terstir. Hatta film Bram Stoker'ın yazdığı vampir kurallarına uymayan vampirler de yaratıldığı için eleştiri almıştır. *Alacakaranlık* serilerine kadar tüm çekilen filmler ve diziler Bram Stoker'ın vampir kurallarına uyarak, aynı kodla yaratılmış efsanevi ve daha inandırıcı Şeytani karakterler yaratmışlardır. Karakterlerin kötülükleri dönüşüme uğrasa da güneşe çıkamamaları, yemek yiyememeleri gibi belirgin özellikleri değişme uğratılmamıştır. Bu durum sinema gerçekliğinin inandırıcılığını arttırıcı bir öğedir. Kurallar esnetilmiş olsa da dönüştürülen şekil mutlaka Bram Stoker kurallarına uygun olmuştur. Örneğin yaratılan bir vampir gün ışığına çıkabiliyor ve küle dönmüyorsa, cadılar tarafından sihirli bir yüzük taktıkları içindir. Yani kodlar değişmeden bir çözüm bularak vampir güneş ışığına çıkarılmıştır. Çok biçimsel olan bu kurallar silsilesi sinema gerçekliliğinin devamlılığı için önemlidir. Böylelikle zaten kurgu olan bir karakterin devamlılığı sağlanmış olur. Gel gelelim karakterlerin esnemesi, iyi vampir ve kötü vampir şeklinde karakterler yaratılması da Bram Stoker kurallarına aykırıdır. Bir yandan dini betimlemeler bir yandan da edebi yazınlar esnetilmiş ve popüler kültürün aranan vampir karakterleri haline getirilmişlerdir. Dizi endüstrisi de bu konuda pek çok veriye sahiptir. *Vampir Günlükleri, The Originals* gibi dizilerde yaratılan vampir karakterlerinin pek çok fanı vardır. Özellikle karakterlerin şeytani durumu esnetilerek izleyiciler tarafından protagonist olarak algılanır. Lucifer Morningstar karakteri de Şeytan''ın kendisi olarak çok beğenilmiş ve Milton'ın *Yitirilen Cennet*'indeki Şeytan modeline çok benzer bir şekilde karakterize edilmiştir. 2016 yılında FOX'ta yayımlanmaya başlayan bir Amerikan fantastik polisiye komedi- drama dizisi olan Lucifer, Tanrı'nın oğlu olarak Cehennem'den sıkılıp dünyada Los Angeles şehrine iner. Los Angeles adı itibarıyla Melekler Şehri demektir. Lucifer'ın soyadı da dini kaynaklardan gelen Şeytan'ın Cehennem'e kovulmadan önceki ihtişamlı, ışık yayan, parlayan şeklinde ile anıldığı ismine referans olarak alınmıştır. Karakter itibarıyla dini kaynakların aksine insanları kendi karakterlerindeki karanlıkla yüzleştirir, yalan söyleyemeyen, iyi ve insanları seven bir yapıya sahiptir. Cehennem'in kralı olarak özelliği aslında kötü insanlara cezalarını vermek üzere görevlendirilmiş olmasıdır. Diğer melekler de onun üstünlüğünü kabul eder. Hatta altıncı sezonunda Tanrı yerini Lucifer'a bırakır.

İncil'deki Şeytan'dan, Drakula'ya, *Alacakaranlık*'taki Edward'a ve son olarak Lucifer Morningstar'a bakıldığında Şeytan'ın muazzam değişimi çok rahat bir şekilde gözlemlenebilir. Görüldüğü üzere Şeytan da popüler kültürün bir öğesi olmuş ve kültürel dönüşüme uğramıştır.

SONUÇ

Yüzyıllar boyunca sinema, edebiyat ve sanat her zaman insanların yaşamına yön veren en öğretici alanlar olmuştur. Teknoloji ve teknolojik malzemeler bile önce yazarlar ve sanatçılar tarafından düşünülmüş, daha sonra bilim adamları tarafından üretilmişlerdir. Sinema ve edebiyat, konularını gerçek hayattan alır ya da en azından gerçek hayatla bağlantısı olması gerektiğini vurgular. *Şeytanın Avukatı* ve *Matrix* filmleri bize hayatın anlamsız olmadığını göstermektedir. Bu filmlerin yazarlarının dini kaynaklardan ve edebiyat eserlerinden derinden etkilendiği görülmektedir. Filmlerde kullanılan karakterler, mekânlar ve kurguları, insanlara Şeytan gerçeğini anlamalarını sağlamak gibi bir hedefe sahiptir.

Dini kaynakların yanı sıra insan psikolojisi de insanları şeytandan kaçmaya teşvik eder ve uyarır. Örneğin Freud, Bilinçdışı'nı tanımlamak için "kötülük" terimini kullanır. Bir noktada ahlaki benlik ile "kötü" benlik arasındaki karşıtlığa atıfta bulunur ve ikincisini Bilinçdışı ile eşitler. *A Short Account of Psychoanalysis*'te, "baskıya maruz kalan dürtülerin... genel olarak kötü olarak özetlenebilecek bencillik ve gaddarlık olduğunu, ancak her şeyden önce, genellikle en kaba ve en yasak türden cinsel arzulu dürtüler" olduğunu yazar. *A Short Account of Psychoanalysis* adlı eserinde "baskıya maruz kalan dürtülerin... genel olarak kötü olarak özetlenebilecek, ancak her şeyden önce, genellikle yasak cinsel dürtüler olarak özetlenebilecek bencillik ve zalimlik olduğunu" söylemektedir. Grup psikolojisiyle ilgili bir tartışmada (Meng 1963:91), bireyin kitlenin bir parçası olduğunda baskısını kaybetme eğiliminde olduğunu, kötü olan her şeyin bu bilinçdışının dışavurumları olduğunu ve insan zihninde buna bir eğilim olduğunu ileri sürer. Freud'un zihnin bu "kötü" yanını bastırmayı ve kontrol etmeyi arzu edilir bir şey olarak gördüğü oldukça açık bir şekilde ortaya konmuştur.

1948'de R.S. Lee, *Freud ve Hristiyanlık* adlı kitabında, Freud'un fikirlerini İlk Günah doktrininin bilimsel bir açıklamasını sunarken, aslında Hristiyanlığı savunmak için psikanalitik teorileri listelemeye çalışmaktadır:

"Burada da İlk Günah'ın açıklaması bulunur. Burada teolojik anlayışı tartışmak bizi ilgilendirmiyor, ancak psikanaliz bu kavramın altında yatan şeye önemli ölçüde ışık tutmuştur. Gördüğümüz gibi, günah duygusu, gelişen bebekte babayı yok etme ve anneye sahip olma arzusunun hakim olduğu Oidipus Kompleksi'nin çözümünde Süperegonun kişiselleştirilmesinden gelir. Bu istekler olmasaydı, Süper ego oluşturmaya ve böylece ahlaki bir vicdan geliştirmeye gerek kalmazdı. Dolayısıyla, iyi ve kötünün bilgisini edinmenin ön koşulu, psikolojik olarak günah işlemiş olmamızdır. Suçluluk duygusu, makyajımızın doğasında vardır. İlk günah, Oidipus Kompleksi'nde ahlaki bir duyguya sahip olmadan önce geliştirdiğimiz, ancak bu ahlaki duyguyu geliştirdikten sonra tehlikeli arzular olarak ele alırken değişen derecelerde sabit kalan istekler kompleksidir"(21).

Pek çok kaynakta Şeytan insanı aldatmak üzere görevlendirilmiştir. Dini kaynakları alt yapı olarak kullanan sinema pek çok tanımı ve temayı edebiyat ve dini kaynaklardan kullanır. İnsanın içinde iyinin de kötünün de, Şeytan'ın da meleğin de var olduğunu ama hangisinin daha baskın olabileceğini insanın kendi hür iradesi ile verebileceğini gösteren pek çok film konusu bulunmaktadır. Bu kitapta seçilenler sadece bu film örneklerinin birkaçıdır. İnsanlığın var oluşundan itibaren insan içindeki şeytani sesle savaşır ve vicdanı ile istekleri arasında seçim yapar. *Matrix*'te de işlenen kader konusu pek çok filme konu olmuştur. Her insan seçimlerinin sonuçlarını yaşar. İster günah ve sevap, ister vicdan ve istekler, ister ahlak ve yozlaşma olarak alınsın birbirlerinin zıttı olarak var olan kavramlar dünyayı dengede tutan kavramlardır. *Lost* dizisinde olduğu gibi, *Yitirilen Cennet*'te işlendiği gibi iyi ve kötü, doğru ve yanlış, negative ve poizitif, yin yang felsefesinde olduğu gibi içiçe ve birbirini tamamlar durumdadır. Dünyanın döngüsü birbirlerinin zıtlıkları doğrultusunda sağlanırken insan içindeki şeytanı da meleği de, yeneteği de gücü de kendi belirler, kendi bastırır, kendi dizginler. Filmlere konu olan Şeytan kavramı ayrıca tek bir insanın karakterlerinin sinemada ve edebiyat eserlerinde farklı bedenlerde vücut bulmuş hali olarak da veriliyor olabilir. Çoklu kişilik bozukluklarının sinemada yansımasında bazen iki, bazen ikiden fazla karakterin aynı kişiyi temsil ettiği görülmüştür. *İncil*'deki İsa Peygamber ve Şeytan gibi, *Matrix*'teki Neo ve Smith gibi, *Drakula*'daki Drakula ve Van Helsing gibi, Mina ve Lucy gibi karakterler tek bir kişinin farklı karakterlerinin vücut bulmuş halleri olarak da tanımlanabilmektedir.

Pek çok filme ve kitaba konu olan bu zıtlıklar döngüsü ve Şeytan'ın dünyadaki var oluş biçimi bazen karşımıza bir vampir, bazen Şeytan'ın vücut bulmuş hali, bazen de cani bir insan olarak karşımıza çıkar. Sanatta dini öğelerin ve insanın içsel psikolojik çakışmalarının yansılamaları kullanımı yirmi birinci yüzyılda da popülaritesini koruyarak devam etmektedir ve edecektir.

KAYNAKÇA

Allen, Marguerite De Huszar (1985), *The Faust Legend: Popular Formula and Modern Novel*, New York: Peter Lang Yayınevi, Inc.

Atkins, Stuart (1984), *the Collected Works Faust I*, Princeton: Princeton UP.

Bates, Alfred (1906), *"The Drama: Its History, Literature and Influence on Civilization"*, cilt.I I., London: Historical Yayınevi.

Blackwell, A. Eric (1989), *"'What the Devil?': Twentieth Century Faust"*, in Peter Boerner and Sidney Johnson (eds.), *Faust through Four Centuries*, Tubingen: Niemeyer.

Brown, Jane K. (1992), *Faust: Theatre of the World*, New York: Twayne.

Burdach, Konrad (1923), *"Faust und die Sorge" Deutche Vierteljahrsschrift fur Literaturwissenschaft und Geistesgeschichte*, translated by Philip Wayne, London: Penguin.

Butler, Ivan (1969), *Religion in the Cinema*, NY: A.S Barnes & Company.

Clebsch, William A. and Jaekle, Charles R. (1964), *Pastoral Care in Historical Perspective*, New York: Harper & Row.

Coffin, Andrew (2003: May 31), "Philosophers Draw on a Film Drawing on Philosophers", New York Times, s. 14-16

Cottrell, Alan P. (1994), *"Faust and the Redemption of the Intellect"*, in Jane K. Brown (eds.), *Interpreting Goethe's Faust Today*, Colombia: Camden House.

Davies, Paul E. (1962), *"Care, Carefulness"*, in *The Interpreter's dictionary of the Bible*, vol. 1., in George Arthur Buttrick (eds.), New York: Abingdon.

Day, Peggy (1988), *An Adversary in Heaven*, Atlanta: Scholar Press.

Descartes, R. (2008). *Meditations on first philosophy* (M. Moriarty, çev.). Oxford University Press.

Dieckmann, Liselotte (1972), *Goethe's Faust: A Critical Reading*, New Jersey: Princeton.

Frazer, Sir James George (1923), *Folk-Lore in the Old Testament*, NY: Macmillan.

Frontier, Freyderyk (1995), *Critical Analysis of Christopher Marlowe's Dr. Faustus*, Anchorage: University of Alaska Press.

Fruchtenbaum, Arnold G. (1983), *The Footsteps of the Messiah*, CA: Ministries Press.

Forsyth, Neil (1987). The Old Enemy: Satan and the Combat Myth. N.J.: Princeton Universitesi Yayınları.

Fountain Magazine (2004), issue:45, istanbul: I 1k Publishing.

Geary, John (1981), *Goethe's Faust: The Making of Part I*, New Haven: Yale UP.

Grant, Mary A. (1960), *The Myths of Hyginus*, Lawrence: Kansas Üniversitesi.

Greenfield, Steve and Osborn, Guy (1998), *Centre for the Study of Law, Society and Popular Culture*, London: University of Westminster.

Grene, Lattimore and David (1959), *The Complete Greek Tragedies*, vol. 1, translated by Richard Lattimore, Chicago.

Goethe, Johann Wolfgang (1985), *Faust Part I*, German / English rev. ed., translated by Peter Salm, New York: Bantam.

Goethe, Johann Wolfgang (1959), *Faust Part 2*, translated by Philip Wayne, London: Penguin.

Hall, Calvin S. (1954), *A Primer of Freudian Psychology*, NY: Mentor Books.

Hamlin, Cyrus (1976), *A Norton Critical Edition*, New York: Doubleday.

Hamlin, Cyrus (1994), *"Tracking the Eternal - Feminine in Goethe's Faust"*, in Jane K. Brown (ed.) *Interpreting Goethe's Faust Today*, Colombia: Camden House.

Hamilton, Victor P. (1992), *In The Anchor Bible Dictionary*, in David . Noel Freedman (eds.), New York: Doubleday.

Hart, Julian N. (1963), *The Lost Image of Man*, US: Louisiana State University Press.

Hasel, Kurt (1998), *Superstitions*, istanbul, Zafer

Hebrew - English Bible (1996), *Bible Society in Israel*, Israel, Jerusalem.

Hendriksen, William (2000), *The Gospel of John*, US: Baker.

Hobbes, T.(2007). Leviathan veya Bir Din ve Dünya Devletinin İçeriği, Biçimi ve Kudreti, Çev.: Semih Lim, 6.Baskı, İstanbul, YKY.

Holy Bible (1986), *Ryrie Study Bible: New American Standard*, Chicago, ILL: The Moody Bible Institute.

Horsley, Jake (2000), *Gnosticism Reborn: The Matrix as Shamanic Journey*, UK: Orion Books.

Jaeger, Hans (1968), *The Problem of Faust's Salvation*, Bloomington: Department of Germanic Languages, Indiana University Press.

Kummerlin, Joanne K., David George and McLean Reese (1992), *The Anchor Bible Dictionary*, in David Noel Freedman (eds.), New York: Doubleday.

Levendhal, Kathryn S. (1970), *The Witch's One-Times One: Sense or Nonsense?*, *Modern Language Notes*, New Haven: Yale UP.

Lewis, C.S (2000), *The Screwtape Latters*, US: Macmillan Publishing Company.

Malachi, Martin (1994), *Hostage to the Devil*, New York: Macmillan Publishing.

Meng, Heimich (1963), *Psychoanalysis and Faith: The Letters of Sigmund Freud and Oskar Pfister*, New York: Basic Books.

McLean, Adam (1992), The Alchemical Drama of Goethe's Faust, London: Aldus Books.

McNeill, John T. (1951), *A History of Cure of Souls*, New York: Harper & Brothers.

Milton, John. çevr. Enver Günsel, *Kayıp Cennet*. Pegasus Yayınları, Haziran, 2015, İstanbul.

Morgan, Tom and Genevieve (1996), *The Devil*, San Francisco: Chronicle Books.

Nagera, Humberto M.D. (1975), *Female Sexuality and the Oedipus Complex*, NY: Jason Aronson, Inc.

Nietzsche, F. (2001). *İyinin ve Kötünün Ötesinde*, Çev.: Ahmet İnam, 2. Baskı, İstanbul, Yorum Yayınları.

Orr, James (1915), Entry for Satan, NY: W.M.B. Eerdmans Publishing Co.

Pagels, Elaine (1995), *The Origin of Satan*, NY: Random House.

Pelikan, Jaroslav (1995), *Faust the Theologian*, New Haven: Yale UP.

Phipps, Carter (1998: September 17), *"An Interview with Taylor Hackford, The Director of 'The Devil's Advocate"'*, What is Enlightenment? Magazine, Lenox, US. s. 23-24.

Plato, Bloom, A. (1968). *The Republic*. New York: Basic Books.

Priebe, Chris (2000:23 July), *"Applicants to the Christian Life and Clarifications of New Age Issues"*, The Guardian, s.12

Rose, William (1975), *The Famous History of Doctor Faustus*, New York: E.P. Dutton & Co.

Rothstein, Edward (2003: 12 May), *"Unlocking the Matrix"*, Time Magazine, s. 18- 20.

Russel, Jeffer (1981), *Satan The Early Christian Tradition*, Ithaca: Cornell University Press.

Searle, Humphrey (1982), *Faust and the Oresteia*, US: California Press.

Shaklar, Judith N. (1972), *Subversive Genealogies*, US: George Town University Press.

Sharma, Jitendra Kumar (1985), *A Criticism: Christopher Marlowe's Dr. Faustus*, New Delhi: Sterling.

Seu, Andree (2003: 31 May), *"Matrix versus Messiah"*, World Magazine, s. 28-30

Showmaker, Brand (2001), *Religion in the Legend of Dr. Faust*, US: University of Washington.

Starr, Elizabeth (1989), *"A Reader's Reflection: Illusion and Reality in Goethe's Faust"*, in Peter Boemer and Sidney Johnson (eds.), *Faust through Four Centuries*, Tubingen: Niemeyer.

Schweitzer, Christopher E. (1994), *"Gretchen and the Feminine in Goethe's Faust"*, in Jane K. Brown (ed.), *Interpreting Goethe's Faust Today*, Columbia: Camden House.

The Interpretation of Bible (1996), İstanbul: Yeni Yaşam.

Walton, Brenda (1998), *The Archetypal Faustus*, Princeton: Princeton University Press.

Watson, Duane (1992), *"Devil"*, in David Noel Freedman (ed.), *The Anchor Bible Dictionary*, New York: Doubleday.

Weinreich, Harald (1994), *Faust Forgetting*, NY: Modern Language Quarterly September, Co.

Weiss, Meir (1983), *The Story of Job's Beginning: Jobl-2:* Jerusalem: Magnest Press.

Whiton, John (1996), *Reading Goethe's Faust From a Catholic Perspective*, VA: Front Royal, Christendom Press.

Filmler:

Burton, R., & Coghill, N. (1967). *Doctor Faustus*. Columbia Pictures.

Coppola, F. F., & Stoker, B. (1992). *Bram Stoker's Dracula*. United States: Columbia Pictures.

Hackford, T. (1997). *Devil's Advocate*. Erişim adresi: https://www.netflix.com/tr-en/title/1181732.

Kapinos, Tom. (2016-2021).*Lucifer*. Erişim Adresi: https://www.neflix.com/watch/80138256?trackId=255824129.

Wachowski, L., & Wachowski, L. (1999). *The Matrix*. Warner Bros.

Wachowski, L., Wachowski, L., Silver, J., Reeves, K., Fishburne, L., Moss, C.-A., Weaving, H., ... Warner Home Video (Firm),. (2003). *The Matrix reloaded*.

Wachowski, L., Wachowski, L., Silver, J., Reeves, K., Fishburne, L., Moss, C.-A., Weaving, H., ... Warner Home Video (Firm),. (2003). *The Matrix revolutions*.